法学入門

堅田 研一〔編〕

成文堂

は し が き

　『法学入門』というタイトルをもつもたないはともかくとして、初学者を対象に法学（または法律学）に関する基礎的な知識や考え方を教え、必要な情報を提供する法学入門書は数多い。本書もまた、まさしく『法学入門』の書である。

　本書は、私が所属している愛知学院大学法学部における「法学」の講義の教科書として作成された『法学　講義案』が基になっている。大学の法学部での授業の中心は、憲法、民法、刑法、商法、訴訟法などの実定法に関する解釈論である。「法学」の講義は、法学部に入学したばかりの学生ができるだけスムーズに、より発展的な実定法の勉強、とりわけ解釈論の勉強に進むためのまさしく「法学入門」の講義である。私が重点を置いているのは、実定法の講義では時間の関係で詳しく触れられることのない、けれども実定法（あるいはそれに関する学問である実定法学）の当然の前提をなしている原理・原則の説明である。法の原理・原則の理解なしには、個々の実定法の内容を「理解する」ことはできないと私は考えている。ましてや、実定法の解釈論を「理解する」ことはほぼ不可能であるだろう。そうなると法律の授業は、丸暗記に頼るだけの全くつまらないものになる。

　そういう私が、法学部に入って、この悪弊に陥ってしまった。いきなりの解釈論。一つの法律の条文、つまり全く同じ文章について、Ａ説、Ｂ説……、さまざまな解釈がその根拠と共に示され、これが「通説」です、これが「有力説」です、これが「判例」です、と説明される。これはいったい何をしているのだろうか。「通説」だから、「判例」だからどうだというのか。さっぱり理解できない。いったい法学、法律学とは何なのかと考え始めた。その挙句に、法哲学の道に進んでしまい、とうとう生涯の職業にすることになった。

　このような戸惑いを、法学部に入った人は多かれ少なかれもつようである。けれども、そもそも法学、法律学とは実定法の解釈の学問なのである。歴史的にもそうである。そうなると、できるだけスムーズに解釈論に進ませるためにはどうすればよいか。現在公刊されている、さまざまに工夫を凝らした法学入門書は、この問いへの、著者の方々なりの回答であるように思われる。法学部に入学したばかりの自分ならばどのような入門書が欲しかったかということを考えながら皆さん書かれているのではないかと推測する。

　本書もまた同様である。、法学部に入学したばかりの自分ならばどのような入門書が欲しかったのか。それは、私にとっては、実定法（実定法学）が当然の前提にしている原理・原則、そしてそれらを基に構成されている法制度全体の構造をわかりやすく、かつ正確に説明した本である。本書の特色を挙げるとすれば、この点にあると考える。

　執筆に当たっては、抽象的な原理・原則、およびそれを基に構成されている複雑な法制度を、できる限りわかりやすく、かつ正確に説明することを心がけた。ところが、この二つは相反する。正確性を重視すると説明が細かくなりすぎてわかりにくくなるし、わかりやすくしようと思うと、込み入った説明を避けようとするあまり正確性に欠けることになる。さらに、私の専門は法哲学であり、実定法に精通しているわけではない。それでもなんとか、これまでの講義の積み重ねを基に書き進めたが、自分ではどうにもならない分野があり、それについては、私が尊敬し、その力量を信頼している二人の先生の助けを仰ぐことにした。刑法の杉本一敏先生、民事訴訟法の髙木敬一先生。わかりやすく、かつ正確に説明することにかけては、私はこの二人の足元にも及ばない。本書の執筆を快くお引き受けくださり、私の無理な注文にも応えてくださった二人の先生に心からお礼を申し上げたい。

　本書の土台となったのは、愛知学院大学法学部における私の講義である。講義に出席し、ときには鋭い質問で私を鍛えてくれた受講生の皆さんに、感謝の気持ちと伴に本書を捧げたい。

　最後に、本書のような今風ではない、どちらかというと堅苦しい法学入門

の出版を快く引き受けてくださった成文堂の阿部成一社長、私の講義を本にするように勧めてくださり、粘り強い励ましと的確な助言でここまで引っ張っていただいた同社編集部の飯村晃弘氏にはなんとお礼を申し上げてよいかわからない。ただただ、ありがとうございました。

　2023年1月24日

執筆者を代表して

堅田研一

この本のめざすところと構成

　この本は、大学で法学を初めて学ぶ人のために、現在の日本の法制度の基本的な構造とそれを構成する原理・原則をできる限りわかりやすく解説することをめざしています。

　物事の根本・大本をなす考え方のことを原理や原則と呼びます（原理の方がより抽象的で、原則は原理をもう少し具体化し、公式のように表現したものと考えてください）。私たちの法、つまり現代の日本の法は、近代法に属します。それは、古代の法とも中世の法とも根本的に異なります。根本的に異なるとは、原理・原則において異なるということです。この近代法の原理・原則は、**近代の社会と国家に関する考え方（①）**から導き出されます。皆さんは高校時代にトマス・ホッブズ、ジョン・ロック、ジャン＝ジャック・ルソーという思想家について少し学んだことがあると思います。彼らの思想は社会契約論（社会契約説ともいいます）と呼ばれ、近代の社会・国家と法に関する考え方の大本になっています。本書はこの考え方を、とりわけロックの思想を中心にして説明します。

　近代の社会と国家に関する考え方から導き出された**近代法の原理・原則（②）**を基に近代の法制度が構成されます。この原理・原則をダイレクトに規定する憲法を頂点に、民法、刑法、商法、民事訴訟法、刑事訴訟法のような主要な法が形成されます。これらの主要な法は、近代法の原理・原則、およびそれを表わす憲法の規定に基づきながら、それぞれの法に独自の原理・原則をもち、その独自の原理・原則に基づいて個々の規定が形成されます。本書は、日本の法制度の構造について、近代法の原理・原則に基づく**憲法の規定（③）**を中心に概観します。さらに、**民法、刑法、訴訟法について、それぞれの法の原理・原則（④）**、およびこれらの原理・原則を具体化した**個々の規定のうちの主要なもの（⑤）**について説明していきます。

以上が本書の骨格です。図で示すと次のようになります。

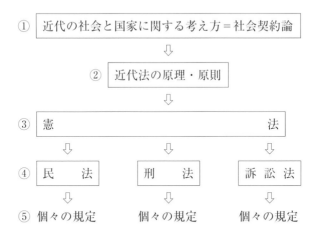

本書は、以上のような原理・原則を中心にした説明にさらに、**⑥法源論、⑦法解釈の技法**という法学一般に通じる基本問題、および**⑧判例の具体例**を加えた８つの部分を基礎にして構成されています。

「はしがき」でも述べましたが、法学とは結局のところ、実定法の解釈の学問、つまり具体的事件を解決するために実定法の規定をどう解釈するのが妥当かに関する学問です。極端なことをいえば、実定法の規定は、どのような意味にでも解釈することができます。けれども、勝手な解釈を行ってもそれは通りません。個々の規定の意味は、あくまでも法の原理・原則——近代法の原理・原則、それに立脚した憲法の規定が示す原理・原則、および個々の法の基本的な原理・原則——に基づいて理解され、解釈されなければなりません。法の原理・原則と、実定法の解釈（詳しくは、「憲法」、「民法」、「刑法」等々と題された個々の法の授業で学びます）との間に橋を架けること、これが本書のめざすところです。

目　次

判例の表記の仕方と、本書で引用した判例の一覧

　法学の勉強において、判例（とりあえず、裁判所の下す判決等の判断のこと
と理解しておいてください。詳しい説明は、法源論のなかで行います）は重要な
意味をもちます。本書もまた、数は少ないですが、最高裁判所（略して最高
裁）および最高裁の前身である大審院の判例への言及を行っています。

　判例の引用の仕方にはルールがあり、本書もそれに従っています。ここで
それについて説明しておきます。最高裁の判例を引用する際には、次のよう
な表記の仕方をすることになっています。最高裁は通常、小法廷（第一小法
廷、第二小法廷、第三小法廷の三つの小法廷があります）で事件を審理します
が、例えば、最高裁のどれかの小法廷で令和5年1月20日に行われた判決の
場合には、最判令和5年1月20日と表記します。重要な事件については最高
裁の15人の裁判官全員によって構成される大法廷で審理しますが、この大法
廷で例えば令和5年1月20日に行われた判決の場合には、最大判令和5年1
月20日と表記します。なお、三つの小法廷のどの法廷で裁判が行われたかを
示す場合には、最一小、最二小、最三小と略記します。

　裁判には判決、決定、命令の3種類がありますが、判決の場合には
「判」、決定の場合には「決」、命令の場合には「命」と略記します。例え
ば、最高裁のどれかの小法廷が令和5年1月20日に行った決定の場合には、
最決令和5年1月20日、大法廷の決定の場合には最大決令和5年1月20日と
なります。

　また名古屋高等裁判所（名古屋高裁）が令和5年1月20日に行った判決の
場合には、名古屋高判令和5年1月20日、決定の場合には名古屋高決令和5
年1月20日、名古屋地方裁判所（名古屋地裁）の判決、決定の場合には、名
古屋地判令和5年1月20日、名古屋地決令和5年1月20日となります。

　さらに、引用に当たっては、その出典（その裁判が掲載された刊行物）を明

記する必要があります。その代表的なものは、公式の判例集である「最高裁
判所民事判例集」、「最高裁判所刑事判例集」であり、それぞれ「民集」、「刑
集」と略記します。

　民間の判例雑誌としては、『判例時報』と『判例タイムズ』が重要であ
り、それぞれ「判時」、「判タ」と略記します。

　この出典については本文では省略しましたが、ここに、出典も含め、本文
で引用した判例の一覧を裁判の年代順に掲げておきます。

　大審院明治36年５月21日判決（大審院刑事判決録９輯874頁）
　大審院明治41年12月15日民事連合部判決（大審院民事判決録14輯1276頁）
　最大判昭和34年12月16日（刑集13巻13号3225頁）
　最大判昭和39年11月18日（民集18巻９号1868頁）
　最判昭和43年８月２日（民集22巻８号1571頁）
　最大判昭和43年11月13日（民集22巻12号2526頁）
　最大判昭和52年７月13日（民集31巻４号533頁）
　最大判昭和63年６月１日（民集42巻５号277頁）
　最判平成５年２月16日（民集47巻３号1687頁）
　最大判平成９年４月２日（民集51巻４号1673頁）
　最判平成14年７月11日（民集56巻６号1204頁）

第 1 章

法学へのイントロダクション

まず次の事例を考えることから始めたい。

事 例

*A は、B と口論になり、その最中、かっとなった A は B を殴り、ケガを
させてしまった。この場合、A はいかなる法的責任を問われるだろうか。*

1. 社会のルールと法のルール

　この事例において、A は当然、何らかの責任を負わなければならない。
問題は、A が「法的」責任を負うとはいかなることかである。本章の目的
は、この法的な責任について理解してもらうことである。

　まず、A が、やってはいけない行為をやっていることは確かである。正
当な理由なく人を殴ったり傷つけたりしてはならない。つまり A は、「正当
な理由なく人を殴ったり傷つけたりしてはならない」という、社会のなかで
生活しようとする人々が当然守らなければならない社会のルールを破ってい
るのである。

　この場合、B はどうするだろうか。おそらく、A のルール違反に対して制
裁を加えたいと思うだろう。もし社会のなかにこの制裁の仕組みがなけれ
ば、自分で制裁を加えようとするだろう。つまり、この場合 B は、自分が

Aに殴られたりケガをさせられたりするいわれはないのだから、①自分が されたことをAにも味わわせたい、自分が味わった苦痛と同じ苦痛をAに も味わわせたいと思うだろう。また②自分がケガの治療費を支払ったなら ば、それだけ自分には損害が生じているのだから、その損害を償わせたい （例えば、生じた損害に相当する金額をAから取り上げたい）とも思うだろう。 （なお、Bが、自分のメンツが潰されたと思ってAにやり返す場合は、単なるケン カであり、これ自体は法の問題ではない。）

　しかしながら、害された者が、自分を害した者に対してこのような制裁を 自分で加えることを社会が認めるとどうなるだろうか。害した方は、たとえ 自分が犯したルール違反の行為が原因であったとしても、このような実力行 使を受けると憤慨し、今度は自分もやり返したいと思うだろう。こうなる と、暴力の連鎖は止まらなくなる。したがって、社会としては、害された者 が害した者に実力行使することを認めることはできない。

　社会はこのような事態になるのを防ぐために、害された者が自分で制裁を 加えること（これを自力救済と呼ぶ）を禁止し、代わって社会が、害した者 に制裁を加える仕組み、制度を用意している（＊1）。このような仕組みが法 制度である。（おそらく、自力救済を社会が禁止することによって社会は国家へ と組織されると考えられる。したがって、法制度を作るのは、正確にいうと国 家、または国家へと組織された社会である。）また、社会のルールを各人が自力 で執行し制裁を加えるだけでは、社会のルールを破ろうとする者を押しとど めるには不十分であろう。なぜなら、この場合の制裁は、各人が（単独で、 あるいは他の人々と共に）行う弱いものであるからだ。ルールを破る者が十 分に強い場合には、この場合の制裁は無力になる可能性がある。この理由か らも、社会のルールを社会全体で法として組織的に執行する制度が必要にな る。

　社会（国家）は、例えば「人を傷つけてはならない。これに違反した場合 には〜の制裁を課する（損害賠償させる、刑罰を加える）」という形の法の ルール（法規範ともいう）を作り、害された者がこの法のルールを基にして

社会（国家）に対して救済要求を行う（つまり自分を害した者に対して制裁を加えてほしいという要求を行う）制度を作る。このような法の制度を社会（国家）が用意している場合には、それに則って、法のルールを基に救済要求を行うことになる。このような法制度が存在する場合、社会のルールは法のルールになっており、したがってAの行為は社会のルールに違反しているだけではなく、法のルールにも違反している。Aの行為は法のルールに違反する違法行為である（＊2）。

　法制度が存在する場合には、Bは、それに則って、つまりそれが設ける手続と法のルールに基づいて救済を求める、つまりAへの制裁を求めるということになる。

2．違法行為には二種類ある

　ところで、いま述べたように、Bは、①自分が味わった苦痛と同じ苦痛をAにも味わわせたいと思う。また②自分の被った損害をAに償わせたい（例えば、生じた損害に相当する金額をAから取り上げたい）とも思う。①についていうと、これはつまり、Bが自分の手でAを罰したいと思っていることにほかならない。これは法制度においては、Aに刑罰を科するという形で実現される。②についていうと、これはつまり、Bが、自分の被った損害を自分の手でAから回復したいと思っていることである。これは、法制度においては、Aに損害賠償させるという形で実現される。したがって、違法行為には、刑罰を科せられるという形で責任を問われる違法行為と、損害賠償させられるという形で責任を問われる違法行為とがあることになる。法的な責任とは、この二つの責任のことをいう。事例におけるAは、この二種類の違法行為を行っていることになり、それに対応して、二種類の法的責任を負うことになる。前者の場合においてAが負う責任のことを刑事責任、後者の場合においてAが負う責任のことを民事責任という。

3．二種類の違法行為と二種類の法的責任

　いま述べた二種類の違法行為はどこが違うのだろうか。それは、Aの違法行為によって誰の利益が害されているのか、言い換えると、Aに制裁を加えることによって誰の救済が行われるのか、誰の損失が回復されるのかを考えれば理解できる。

　Aは、Bに対する関係で、（法のルールとなった）社会のルールに違反して、つまり違法に、Bの身体という利益を害している。この場合、利益を害されたのはBである。このような違法行為に対して法は、Aに、Bに対する損害賠償をさせるという形で対応し、Bの損失を回復させる。これは、上で述べた②のケースに対応する。

　さらにAは、（法のルールとなった）社会のルールに違反することによって、つまり違法に、そのルールをメンバーが守ることによって成立している社会の秩序を動揺させ、社会そのものの利益を害している。この場合、利益を害されたのは社会それ自体である。このような違法行為に対して法は、社会のルールを破ったことに対する社会的非難としてAに刑罰を科するという形で対応する。つまり、Aに刑罰を科することによってルールの存在を確認し、秩序を安定させて社会の損失（秩序の動揺）を回復させる、つまり社会を救済するのである。これは、上で述べた①のケースに対応する。

4．裁判制度について

　いま述べたように、Aは、Bという個人の利益を害する違法行為と、社会の利益を害する違法行為とを行っている。この違法行為によってその利益を害されたBおよび社会が、法制度に則って救済を求める、つまりAに対して制裁を課するように求めることになる（＊3）。法制度は、法のルールに基づくBの救済要求に応じて、また社会の救済要求に応じて、救済のための制度を備えることになる。この救済要求に対応する制度が裁判制度である。

（＊１）　害した者は社会のルールに違反しているのだから、ルール違反を理由に、害した者に制裁を加えるのは、直接に害された者以外の他の社会のメンバーであってもよいだろう。したがって、自力救済の禁止は、直接に害された者だけでなく、他のすべての社会のメンバーに対しても及ぶのである。

（＊２）【社会のルールと法のルールとの関係】社会のルールがすべて法のルールになるわけではない。法のルールになる社会のルールとは、それに値するだけの社会のルールのみである。例えば、「室内では帽子を脱がねばならない」は、エチケットとして社会のルールであるといえるだろうが、その違反者に対して制裁を課するために法のルールにすべきであるという人はいないだろう。あるいは、「嘘をついてはならない」もまた社会のルール、それも道徳のルールである。けれども、嘘をつく行為をすべて法的ルールによって制裁の対象にせよという人もいないだろう。つまり、これもまた法的ルールにするには不適切なのである。したがって、法のルールになるに値する社会のルールとは、潜在的にすでに法のルールであるともいえる。したがって、このような潜在的に法のルールである社会のルールに違反する行為はすでにそれ自体において違法行為であるともいうことができるし、このような意味で違法行為という場合もある。

　潜在的な法のルールとは、それを破ることが他人または社会を害することになるような社会的ルールだといえる。「室内では帽子を脱がねばならない」というエチケットのルールに違反しても、それによって他人や社会が害されるとまではいえないだろうから、それは潜在的な法のルールではない。「嘘をついてはならない」という道徳のルールも、その違反によって他人や社会が害されると否とを問わずに人々を拘束する限りにおいて、潜在的な法のルールとはいえない。

　これに対して、「正当な理由なく人を殴ったり傷つけたりしてはならない」という社会のルールは、その違反によって他人や社会を害することになるから、潜在的な法のルールである。このような潜在的な法のルールを基に法律などの顕在的な法のルールが作られることになる。この「他人を害する」とは、他人の生命・身体・自由・財産を害することである。「社会を害する」とは、生命・身体・自由・財産の所有を認められたメンバーから成る社会の秩序、つまり各人に生命・身体・自由・財産の所有を認め、かつそれらを平和的に共存させている社会秩序または社会体制を害するということである。つまり、潜在的な法のルールは、人の「生命・身体・自由・財産」を守ることを本質とするのである。この「生命・身体・自由・財産」こそ、ジョン・ロックが「プロパティ」と呼んだものにほかならない。（正確には、ロックのいうプロパティは「生命・自由・財産」のことであるが、そこには「身体」も当然に含まれ

ていると考えられる。）この点については第5章で述べる。

　ただし、法のルールを作る権限は立法府、日本の場合には国会にあるから、潜在的な法のルールであっても、国会の判断で、法のルールにされない場合もある。国会が、すべての潜在的な法のルールを現実に法のルールにしなければならないわけではない。また、それを破っても他人や社会を害することのない社会のルール、例えば単なる道徳のルールを法律として制定することは、不適切ではあるだろうが、それが法律として制定された以上、法のルールであるといわざるをえない。例えば、「嘘をついたら処罰する」という法律を作り、およそ嘘をついたらどんな場合にも処罰するのは不適切だろう。けれども、もし国会が実際にそのような法律を作ったならば、それは法のルールとしては不適切なものではあるが、やはり法律として法のルールであると見なさざるをえない。（他人や社会を害するような嘘のみを処罰する法のルールは、適切な法のルールといえるだろう。）

(＊3)　【制裁とサンクション】法のルールは違法行為に対して「制裁」を課する（「科する」でもよい）と述べてきた。ここでいわれている制裁（サンクション）とは、国家の実力によって強制的に課せられる不利益というような意味であり、悪い奴に罰を与えるというような日常的な意味での制裁ではないことに注意せよ。少なくとも、現在では、加害者に損害賠償させること、つまり被害者の被った損害に相当する金額を最終的には強制力を用いてでも加害者に支払わせること、はこのような日常的な意味での制裁ではないと考えられている。したがって、「制裁」という言葉を用いるのは本来好ましくないのだが、ほかによい言葉がないので多くの法学の本はこの言葉を用いている。「サンクション」と表記する本もある。

　このサンクションとは厳密には次のようなことを意味する。冒頭の事例を使って説明しよう。損害賠償させることについていうと、サンクションとは、損害賠償してもらう権利（損害賠償請求権）がBに発生することをいうのではなく、もしAがBに損害賠償しなければ、最後には国家の実力を用いて強制的に損害賠償させる（損害賠償請求権を実現する）ということ、つまり強制執行することを意味する。刑罰を科することについていうと、Aに刑罰を科する権限（刑罰権）が国家に発生していることをいうのではなく、国家の実力を用いて強制的にAに刑罰を科することを意味する。

第**2**章
法制度の概略

　本章では、第1章で述べた裁判制度もその一部である法制度について、大まかな輪郭を示すことにする。

1．立法、司法、行政

　法のルールは、誰かが、「これこれの行為をしてはならない。これに違反したら制裁を課する」というかたちで作らないと存在しない。つまり、法を作る、立法する機関、立法部（または立法府）が必要である。作られた法は実現されなければならない。したがって、この実現のための機関が必要である。まず、この作られた法のルールを適用して具体的な事件を解決する機関、つまり司法部（または司法府）が必要である。さらに、法のルールを執行する（強制的に実現する）機関、つまり行政部（または行政府）が必要である（例えば、所得税法に従って税務署という行政機関が所得税を賦課徴収するのが法律の執行である）。社会が国家として組織される際には、社会のメンバー（この社会のことを市民社会という。したがって、社会のメンバーは「市民」である）は、立法、司法、行政の作用を誰が、いかなる機関が担当するのか、それぞれの機関の組織の仕方や権限は何か、いかなる手続に基づいて法のルールを作り、適用し、執行するのか等々について定めておく必要がある。このような、国家の組織の仕方の根本を定めるルールは憲法と呼ばれる。憲法は、法に関する根本的なルールである限りで、それ自体が法、それも「最高

法規」である（＊1）。

　それでは、日本の憲法、つまり「日本国憲法」と呼ばれる法を見てみよう（以下、憲法○条という形の指示が行われる場合、この憲法とは日本国憲法のことである）。まず、立法する権限（立法権）をもつのは誰だろうか。それは「国会」という機関である。なぜそれがわかるのか。その41条に次のように書いてある――「国会は、国権の最高機関であつて、国の唯一の立法機関である。」。さらに、憲法42条以下を見ると、国会の組織の仕方、国会が制定する法律という名の法の制定の仕方、等々について規定されている。

　憲法はさらに、〈これこれの内容をもっていないと、いくら権限ある機関が法として定めても法とはいえない〉というかたちで、法が法としてもつべき内容についても定めている。日本国憲法についていうと、例えば基本的人権（憲法13条～40条）を侵害するような法は法としての資格をもたない。98条1項に次のように書いてある――「この憲法は、国の最高法規であつて、その条規に反する法律、命令、詔勅及び国務に関するその他の行為の全部又は一部は、その効力を有しない。」。したがって、基本的人権を侵害する法律は、法としての効力をもたないことになる。

　近代国家の目的は、その国家を設立した社会のメンバーである諸個人（市民）の生命・身体・自由・財産を保護することである。この目的のために、立法部により法律が作られる。法律は、第1章で述べたような、社会のルールに基づいて作られた法律が中心である（法のルールになるにふさわしい社会のルールとは、人々の生命・身体・自由・財産を守るようなものに限定されることはすでに述べた。第1章の＊2を参照せよ）が、それに尽きない。例えば、信号を守れと規定する法律（参照、道路交通法7条）が存在するが、これは社会のルールを基にしたというよりは、国家（国会）によって人為的に設定されたルールを規定する法律である。また、サンクションを規定して、諸個人の生命・身体・自由・財産を守るための法律だけでなく、この目的の実現のための、国（地方公共団体も含む）による政策や施策について定める法律や、法律の実現のための機関や手続を定める法律も制定される。

　それでは、司法権をもつのは誰か。それは、裁判所である。憲法76条1項は、「すべて司法権は、最高裁判所及び法律の定めるところにより設置する下級裁判所に属する。」と規定する。以下、憲法では裁判所や裁判官に関する規定が続く。

　また、行政権は誰がもつのか。それは、内閣である。憲法65条は、「行政権は、内閣に属する。」と規定し、その後に内閣の組織、職務等に関する規定が続く。

　この三権は、相互に「チェック・アンド・バランス（抑制と均衡）」の関係にある。このように、国家権力をいくつかに分けてそれぞれを異なる組織に担当させ、その間に「チェック・アンド・バランス」の関係をつくって独裁を防ぐという体制のことを「権力分立」という。日本の場合は三権分立である。主なチェックの仕方を見ておくと、内閣は国会に対して責任を負う（議院内閣制）という仕方でチェックされ（憲法66条）、国会は裁判所の違憲審査権によってチェックされ（憲法81条）、裁判所は、裁判官の指名・任命権を内閣がもつこと（憲法6条2項・79条1項・80条1項）、国会の弾劾裁判（裁判官の罷免のための裁判）（憲法64条）によってチェックされる（廣渡清吾『市民社会と法』（放送大学教育振興会、2008年）96頁参照）。

2．事例に戻ろう

　以上のような法制度の概略に基づきながら、第1章冒頭の事例に戻って、Aがいかなる法のルールに違反しているかを考えてみよう。

　まず、憲法41条によって、国会が日本における法制定機関であることがわかる。国会が作る法のことを「法律」と呼ぶ。つまり、国会が法律として制定するルールが法のルールである。「六法全書」では通常、まず「日本国憲法」、次にもはや効力のない「大日本帝国憲法」（いわゆる明治憲法）が載っている。その次から出てくるのが「法律」である（おそらく、「日本国憲法の改正手続に関する法律」から始まっているのではないだろうか）。たくさんの法

律が載っている。そのなかで主要な法律は5つある。「民法」、「刑法」、「商法」、「民事訴訟法」、「刑事訴訟法」がそれである（このような名前をもつ法律があることを六法全書で確認していただきたい）。これに「憲法」を加えたものが「六法」と呼ばれている。これらは法の代表格なので、さまざまな法を収録した本のことを「六法全書」（略して「六法」）と呼ぶ。法とは、この六つの法を中心にして、さらにそれらを補うさまざまな法から構成されていると大まかにはいうことができる。

　それでは、Aの行為は法（法律）のどのルールに違反しているのだろうか。まず、民法709条を見てほしい。そこにはこう書いてある――「故意又は過失によって他人の権利又は法律上保護される利益を侵害した者は、これによって生じた損害を賠償する責任を負う。」。とりあえず、「故意」とは「わざと」または「意図的に」、「過失」とは「不注意で」という意味で理解しておこう。この条文（によって記述された法のルール）をAの行為に当てはめてみると、まずAは、わざと（つまり「故意」によって）B（つまり「他人」）の身体（つまり「法律上保護される利益」）を「侵害」しており、それによってBは「ケガ」をした。Bにはおそらく、治療費を支払った、バイトを休んで給料がもらえなかった、精神的苦痛を被ったなどの「損害」が発生しているだろう。つまり、Bには、Aの侵害行為「によって生じた損害」がある。したがって、この「損害」をAは「賠償する責任を負う」。つまり、民法709条によって、Aには、Bに損害賠償する責任が生じているのである。民法は、法的な関係を権利・義務という用語で把握する。したがって、Aに、Bに対して損害賠償する責任があるとは、AはBに対して損害賠償する義務があるということ、またBはAに対して損害賠償を請求する権利（損害賠償請求権）をもつということである。（なお、権利・義務という用語（概念）は、法や法学の最も基本的な用語であり、民法だけでなく、あらゆる法的関係がこの用語によって把握されるといってよい。）

　この損害賠償をAが自発的に行えば問題はないが、そうしない場合はどうするか。Bは、Aを相手取って裁判所に訴えを提起することになる。どの

ように訴えるかというと、Bは、「民法709条に基づいてAに損害賠償として金〜円を支払ってもらう権利が自分にはある」と主張し、この主張に理由があるかどうか（つまり、このような権利が存在するのかどうか）を審理し、判決という形で判断してくれと裁判所に要求する。この審理判決（あわせて審判と呼ぶ）要求のことを訴えというのである。もしこの主張に理由があると裁判所が判断すれば、Aに対して、「損害賠償として金〜円を支払え」という判決が下される。この判決にAが不服であれば、判決を下した裁判所よりも上級の裁判所の判断をさらに求めることができる。例えば、第一審が名古屋地方裁判所だとすると、ここでの判決に不服があれば第二審として名古屋高等裁判所に控訴がなされる。さらにここでの判決に不服があれば第三審（最終審）として最高裁判所に上告がなされる（控訴と上告とをあわせて「上訴」という）。今、「AはBに対して、損害賠償として金〜円を支払え」という判決が確定したとする。それによってAが自発的に損害賠償としてお金を支払えばよいが、そうしない場合には、Bは、確定判決を基にAの財産に強制執行を行い、賠償金を強制的にAから取り上げる（Bの申立てに基づいて裁判所が強制執行手続を行う）。まさしく国家の力によって民法709条が強制的に実現されるのである。この場合、Aに対して、国家の力によって支えられた損害賠償責任（つまり、Aの不利益）を負わせることが、Aの違法行為に対して課せられる制裁（サンクション）である。

　今度は刑法204条を見てほしい。そこにはこう書いてある――「人の身体を傷害した者は、十五年以下の懲役又は五十万円以下の罰金に処する。」。これをAの行為に当てはめてみると、Aの行為は、Bという「人」の「身体を傷害した」といえるだろう。つまりAは傷害罪という罪（犯罪）を犯しているのであり、「十五年以下の懲役又は五十万円以下の罰金」という刑罰が科せられるべきである。この規定は、これこれの行為が行われた場合には社会の利益が害されていると見なされるから処罰してほしいという、社会の意思の表明である。この要求を、社会に成り代わって検察官が裁判所に対して行うことになる。この場合、検察官は、刑法204条に定められた罪をAは

犯しているのだから、Aには（刑法204条に定められた刑（法定刑）の範囲内で）一定の刑罰が科せられるべきであると主張し、審判（審理と判決）を求める。このような裁判所への審判要求（訴え）を公訴という。裁判所は、この検察官の主張に理由があるかどうかを審理し判決する。

　判決に対してA（被告人）、または検察官が不服であるならば、民事の場合と同様に、判決を下した裁判所よりも上級の裁判所の判断をさらに求めることができる。例えば、第一審が名古屋地方裁判所だとすると、ここでの判決に不服があれば第二審として名古屋高等裁判所に控訴がなされる。さらにここでの判決に不服があれば第三審（最終審）として最高裁判所に上告がなされる（控訴と上告とをあわせて「上訴」という）。今、被告人有罪、懲役三年の実刑判決が確定したとしよう。すると被告人は、強制的に刑事施設に拘置され、刑務作業を課せられる（刑法12条2項）。まさしく国家の力によって刑法204条が強制的に実現される。この場合、Aに対して、国家によって強制的に刑罰（つまり、Aの不利益）が科せられることが、Aの違法行為に対して課せられる制裁（サンクション）である(＊2)。

3．民法と刑法

　民法709条の適用をめぐって裁判で争われる場合、これは民事事件となる。民事事件とは私人間の争いのことであり、この争いを解決するための法規範が「民法」という名前の法律（民法典とも呼ぶ）、およびこの民法典の内容を受けて、それを具体化したり、補充したり、発展させたりする諸法律である。前者を形式的意味の民法、民法典に後者の諸法律を加えたものを実質的意味の民法と呼ぶ(＊3)。

　刑法204条の適用をめぐって裁判で争われる場合、これは刑事事件となる。刑事事件においては、違法行為を犯した者について刑罰というかたちで社会的非難を加えるか否かが問題となる。違反した場合には社会的な非難の対象となる行為、つまり犯罪と、それに科せられる刑罰について規定する法

規範が「刑法」という名前の法律（刑法典とも呼ぶ）、および犯罪と刑罰について規定するそれ以外の諸法律である。前者を形式的意味の刑法、刑法典に後者の諸法律を加えたものを実質的意味の刑法と呼ぶ。つまり、実質的意味の刑法とは、いかなる行為が犯罪となり、それに対していかなる刑罰が科せられるかを規定した法だということができる。

4．実体法と手続法

　民法や刑法は、法的な関係そのもの、つまり人の権利義務の得喪及び変更、あるいは犯罪の成立（刑罰権の成立）を規定する法であり、これを「実体法」と呼ぶ。これに対して、民事訴訟法や刑事訴訟法は、実体法を適用する手続、とりわけ訴訟手続を規定する法であり、これを「手続法」と呼ぶ。
　民事訴訟の手続を定めた法のことを民事訴訟法と呼ぶ（これについても、形式的な意味における民事訴訟法としての民事訴訟法典と、それにその他の民事訴訟関連の諸法律を加えた実質的意味の民事訴訟法とに分けられる）。
　刑事訴訟の手続、および刑事訴訟の前提となる一連の捜査手続を定めた法のことを刑事訴訟法と呼ぶ（これについても、形式的な意味における刑事訴訟法としての刑事訴訟法典と、それにその他の刑事手続関連の諸法律を加えた実質的意味の刑事訴訟法とに分けられる）。
　実質的な意味の民法と実質的な意味の民事訴訟法とを合わせたものが「民事法」を構成し、実質的な意味の刑法と実質的な意味の刑事訴訟法とを合わせたものが「刑事法」を構成する(＊4)(＊5)。

5．行政、および行政法

　近代国家は、個人（国民）の生命・身体・自由・財産を守ったり増進したりすることをその目的とする。この目的のために、国民を代表する議会、日本の場合には国会が法律を作る（立法作用）。法律によって認められた権利

を不当に侵害された者は、その救済を国家に求める権利があり、この救済要求に応じて、不当な権利侵害があったか否か、救済を行うべきか否かを判断するのが司法の作用である。

国家の作用から、この立法作用と司法作用とを除いたものが行政の作用である。これを控除説と呼び、通説的な見解である。

控除説が通説的見解であることからわかるように、行政とはさまざまな作用を含み、「行政とはこれこれである」という仕方で積極的に定義することは難しいが、本書の観点からおおまかに次のように考えておきたい——行政とは、法律に基づいて、国民の生命・身体・自由・財産を守り、増進することを目的とした、国民生活への積極的・権力的な介入である、と。

第6章で述べるように、近代国家はまずは夜警国家として始まり、福祉国家へと展開した。夜警国家の下では、行政の主な役割は、市場における経済活動が円滑に行われるように治安を維持し、国民の安全を守る活動であった。外交、防衛、警察がその主なものであった。ところが、近代国家が福祉国家に転換すると、国民の人間に値する生存を保障するための、生活保護や年金の給付、国民健康保険制度や介護保険制度の運用など、社会保障や社会福祉のための活動等が加わった。

さらに、税金の徴収は、国民の生命・身体・自由・財産を守り増進する国家の存立の基礎であり、行政の中心的活動をなす。

行政権を担う行政機関は、国民生活に権力的に介入することができるが、そもそも国家がどのような権力的介入をなしうるのかを決定できるのは、国民がその代表を通じて自ら決定することができる議会の制定する法律によってのみである。したがって、行政は、当然に、法律に基づいて行われねばならない。行政機関は法律によって組織され、権限を与えられる。その権限を逸脱して行政活動がなされた場合には、それによって被害を被った国民は、救済される必要があり、そのための手続もまた法律によって定められる。これらの行政について規定するさまざまな法律を総称して「行政法」と呼ぶ（行政法という名前の単一の法典があるわけではない）。

　行政法は、行政機関の組織について定める行政組織法、行政機関に権限を与えてその活動を合法化すると同時に制約する行政作用法、行政作用によって市民の権利・利益が侵害された場合の救済（行政作用の是正を図ったり、被った損害の賠償を求める、等）を定める行政救済法からなる（大橋洋一『行政法Ⅰ　現代行政過程論』〔第4版〕（有斐閣、2019年）10-11頁参照）。

6．違憲審査権

　1．において、憲法に違反する法律は法としての効力をもたないと述べたが、法律が憲法に違反するかどうかを決定する権限は裁判所にある。これを違憲立法審査権、違憲法令審査権、または単に違憲審査権と呼ぶ。その根拠は憲法81条（「最高裁判所は、一切の法律、命令、規則又は処分が憲法に適合するかしないかを決定する権限を有する終審裁判所である。」）にある。日本の違憲審査権は、裁判所が具体的事件、つまり具体的な権利義務に関する争い、あるいは法律関係の存否（刑罰権の存否を含む）に関する争いを解決するのに付随して、言い換えると司法の作用に付随して、行使されるものと解釈されている（付随的審査制）。具体的事件は、事実に法律の規定を適用することによって解決されるが、その規定が憲法に違反する場合、その規定は違憲無効であるから、裁判所としては当該事件には適用できない。違憲審査権とは、具体的事件の解決にあたって、適用される法律の規定が憲法に違反するか否かを審査する権限のことである。したがって、問題となる法律の規定が裁判所によって違憲と判断された場合でも、その違憲判決によってその規定が法律としての資格を失うわけではない。違憲判決とは、当該事件において、その法律の規定は違憲であるから適用しないと宣言することであり、その効果は当該事件にのみ及ぶ（国会がその規定を削除したり修正したりしない限り、その規定は法律として有効に存在する。もっとも、最近では、特に最高裁判所によって違憲と判断された法律の規定は、国会によって速やかに削除あるいは修正されることが多い）。このように違憲審査権は、具体的事件の解決、つまり司

法の作用に付随して行使されるのであるから、司法権を行使することのできる機関、つまり、最高裁判所だけでなく、すべての裁判所が違憲審査権をもつ（＊6）。

（＊１）【憲法の効力はどこからくる？】憲法以外のすべての法の効力は憲法に由来する。それでは、憲法自体の効力はどこからくるのだろうか。これにはさまざまな考え方があるが、とりあえず次のように説明しておきたい。憲法は、社会のメンバーがそれを憲法として承認しているから、つまりそれに基づいて国家を組織しようと合意しているから、国家組織の根本的なルールとして効力をもつのである（H.L.A. ハート（長谷部恭男訳）『法の概念〔第 3 版〕』（ちくま学芸文庫、2014年）167頁以下参照）。

（＊２）【ルールと規範】本書では、法とはルールであると説明しているが、法とは規範であるという説明も広く受け入れられている。規範とは、「〜すべきである」という仕方で人の行為や意思を規律する規準をいう。この考え方によれば、法とは、その違反に対してサンクションが課せられる規範である、ということになる。法をルールとして把握するか規範として把握するかは難しい問題であるが、とりあえず次のように考えておいてほしい。ルールは、それを受け入れて行動の指針として用いる者から見た場合には、「〜すべきである」という仕方で作用する（これを、ルールにおける「内的視点」という（上記『法の概念〔第 3 版〕』152-153頁参照））。例えば、野球のルールを受け入れてそれを行動の指針として用いる者（選手や審判）は、「三振したバッターはアウトである」というルールを受け入れ、それを用いてゲームを行っている。三振したバッターからすれば、このルールは、彼の行動を規律する規範である（三振したら打席を終えるべきである）。審判からしても、このルールは彼の行動を規律する規範である（三振したバッターにはアウトを宣告すべきである）。

　　したがって、ルールを、それを受け入れて行動の指針として用いる者から見た場合には、それは規範として作用しているのだということができるだろう。

（＊３）【民法と商法】民法は私人と私人との関係を規律する法である。民法が規律する領域は財産関係と家族関係とに分かれるが、その財産関係につき、私人間の取引関係のなかでも商取引は、商法によって規制される。一般に、商法は、商取引という特定の分野で独自の取り決めを行っているという意味で、民法の特別法（民法は商法の一般法）だといわれる（この点については、第11章 2.(2)③を参照せよ）。商法は、民法と並んで、私法の主要法律である。商法は、民法とその基本的な原理を異にするので、民法を補充する法律というよりは、それ自体として独自の法分野を形成していると考える方がよい。

（＊４）【公法と私法】本文で挙げた以外に、公法と私法という法の区分の仕方もある。国家の構成の仕方や国家と個人との関係について規律する法のことを公法という。これに対して、公人として行動するのでない個人（言い換えると、私的な資格で行動す

る個人、私的な生活を営む個人）、つまり私人どうしの関係を規律する法のことを私法という。憲法や行政法は公法に属する。刑法は、国家が個人に対して刑罰を科するための条件などを定めるものであるから、公法に属する。これに対して、民法や商法は私法に属する。民事訴訟法や刑事訴訟法は、裁判という国家の制度の利用をめぐる国家（裁判所など）と個人との関係を規律するのであるから、公法に属する。

（＊5）　本章における、形式的意味の民法、刑法…、実質的意味の民法、刑法…の区分の仕方は、廣渡清吾『市民社会と法』（放送大学教育振興会、2008年）による。それでは、憲法の場合はどうだろうか。日本には、日本国憲法という名前の成文の憲法典が存在し、これが形式的な意味での憲法である。これに、この日本国憲法の内容を受けて、それを具体化したり、補充したり、発展させたりする諸法律（例えば、国籍法、公職選挙法、国会法、等々）を加えたものを、実質的意味での憲法と呼ぶ（同書32-33頁参照）。本書は、日本の法制度や法律の説明を行うことを目的とするから、形式的意味を中心にしたこのような理解の仕方で十分だと思われる。（これに対して、憲法を例にとると、例えば実質的意味の憲法を国家の基本的な構成について定めた法というように定義し、この意味での憲法はすべての国家がもつが、成文憲法はすべての国家がもつわけではなく、また成文憲法のなかに実質的意味の憲法とは関係のない規定が入っている場合がある、というように実質的意味の憲法（民法、刑法…）を中心にして理解することも可能である。）

（＊6）　違憲審査制については、次の文献を参照せよ。芦部信喜（高橋和之補訂）『憲法』〔第七版〕（岩波書店、2019年）389頁以下。

第 3 章
民事事件と刑事事件

　すでに述べたように、第1章の冒頭の事例において、Aは、民事責任と刑事責任を負うことになる。もっとも、Aにこれらの法的責任を負わせるためには裁判手続を経る必要がある。Aに民事責任、具体的には損害賠償責任を負わせるためには民事裁判（民事訴訟）、刑事責任を負わせるためには刑事裁判（刑事訴訟）を経なければならない。この章では、この民事裁判と刑事裁判の流れについて概観する。（なお、民事事件については、訴訟以外の手段で紛争を解決することも可能である。この点については、第13章1.（3）を参照せよ。）

　第1章の冒頭の問題をここでもう一度掲げておこう。

事 例

Aは、Bと口論になり、その最中、かっとなったAはBを殴り、ケガをさせてしまった。この場合、Aはいかなる法的責任を問われるだろうか。

1．民事事件と刑事事件

　すでに述べたように、Aの違法行為によって害されるのは、Bの利益、お

よび社会そのものの利益である。Bおよび社会の救済要求に対して、その救済要求が正当であるか否かを検討し、正当であればその要求を聞き入れ、正当でなければその要求を退ける制度が必要になる。それが裁判という制度である。そして、このような救済要求を認めるかどうかを検討する機関が裁判所である。したがって、救済要求は裁判所に対して行われる。裁判所に対してなされる救済要求のことを訴えという。

　B、または社会が救済の要求をなしうるためには、Aの行為が違法なものでなければならない。違法とは、（社会のルールに基づく）法のルールに違反することである（＊1）。ところで、Aの行為が違法であるか否かを判定する法のルールがどのような形で存在するのか、言い換えると、社会（国家）が、社会のルールをどのような仕方で法のルールとして制定するのかは、社会（国家）によってさまざまである。

　現代の日本の法制度においては、すでに述べたように、法のルールの制定は、国会が法律を制定するという形で行われる。つまり、Bにしろ社会そのものにしろ、救済要求をなしうるためには、Aの行為が法律に違反している（ことをBまたは社会が裁判所に対して示す）のでなければならない。言い換えると、Bまたは社会が訴えをなしうるためには、法律上の根拠が必要である。Bが訴える場合の根拠となる法律は民法という法律である。事例のケースでは、民法709条がその根拠となる。また（社会に成り代わって）検察官が訴える場合の根拠となる法律は刑法という法律である。事例のケースでは刑法204条が根拠となる。

　法制度が存在する以上、このような救済制度も当然に備えていなければならないが、法制度を作るのは社会（国家）であるから、この救済制度をどのようなものとするかを定めるのも社会（国家）である。そして現代の日本の法制度においては、この救済制度の設定も、国会による法律という形で行われる。

２．民事訴訟

（１）　民事事件

　ＡがＢの利益を害したことに対してＢが救済要求＝訴えを裁判所に提起する場合、これを民事訴訟という。ＡとＢは社会を構成する市民として本質的に対等な存在である。そのような対等な市民の間で、社会生活を営むなかで財産や利益をめぐって争いが起きることがある。これを民事事件（紛争であることを強調するときは、民事紛争ということもある）という。この事例でいえば、ＢとＡとの間の損害の賠償をめぐる争いがそれである。民事訴訟は民事事件を、法律を適用した判断によって解決しようとする訴訟である。民事訴訟の対象となる民事事件は、法律的に捉えると、民法や商法が規定する権利（私法上の権利、私権）の存否やその内容をめぐる争いと捉えることができる。

　【事例】に即して説明しよう。この場合には、害されたのはＢであるから、このＢが、Ａの違法行為（不法行為）によって自分に生じた損害の償い、つまり損害賠償を求めることができる。言い換えると、Ｂは、民法709条を基に、自分には、Ａから損害賠償として金～円を支払ってもらう権利があると主張できる。つまり、この事件はＢのＡに対する損害賠償請求権をめぐる争いということになる。Ｂは裁判所にこの争いについて訴えを提起して、その解決を求めることができる。このとき、ＢがＡを相手取って訴えを提起するとは、Ａに対して損害賠償請求権があると主張して、裁判所に、この権利の主張に理由があるかどうか（そのような権利が存在するのかどうか）を審理し、判決という形で判断してくれと要求することにほかならない。「訴え」とはこの審理判決（審判）の要求のことをいい、訴えにより裁判所の審判を求められている権利の主張を「請求」と呼ぶ。この事例では、ＢのＡに対する損害賠償請求権の存在の主張が請求である。

（2）　民意訴訟の開始

　民事訴訟には権利をめぐって相争う二人の者が当事者として関与するが、そのうち自らの名で裁判所に訴えた者を「原告」、訴えられた者を「被告」という。この事例の場合、原告はBであり、被告はAである。民事訴訟は、原告が訴えを提起することによって開始される。訴えは、原告が訴状という書面を裁判所に提出することによって提起される。

　ところで、民事事件を解決する手段として民事訴訟による解決を選択するかどうかは、当事者の意思、この事例では損害賠償請求権を持っていると主張しているBの意思に委ねられる。民事訴訟という制度があるからといって、Bの意思を無視して裁判所が勝手に民事訴訟を行うことはない。民事訴訟は、この争い、つまり民事事件の当事者であるBがこの事件について民事訴訟による解決を選択した場合、つまり訴えを提起した場合に初めて開始される。また、訴訟開始後にBがこの事件を民事訴訟によって解決しようとする意思を失えば、この訴訟は途中で終了させざるをえない。つまり、民事訴訟をいつ、何について起こすか、起こされた訴訟を裁判所の判決で終わらせるか、途中でやめるかを決めるのは当事者であるということができる。このような建前を処分権主義という。

（3）　審　　理

　民事訴訟が開始されると、公開の法廷で判決を下す裁判官を前に両当事者が対席して口頭で主張を闘わせあう口頭弁論と呼ばれる手続が開かれて、審理が行われる。口頭弁論では、原告が請求として主張している権利が現に存在するかどうかが審理される。有体物ならば、目で見たり触ったりして、それが存在するかを直接に確かめることができるが、権利は抽象的な存在であるから、直接確かめることができない。民事訴訟では、権利が発生していて、消滅していなければ、権利が現に存在しているといってよいことに着目して、権利が発生しているか、消滅しているかを確かめることによって権利の存否を判断している。それが可能なのは、民法の規定が、「もし……の要

件が充たされたならば、それに対して〜の効果が生じる」という構造をとっているからである。このとき、「……」の部分を法律要件（または単に要件）、「〜」の部分を法律効果（または単に効果）と呼ぶ。法律要件は一つ又は複数の事実から構成されており、その事実を法律事実または要件事実という。法律効果は権利の発生または消滅である。民法のほか商法などの法律（民事実体法）の規定も、このような要件・効果の形で整理することができる。権利が発生しているか、消滅しているかは法律効果が生じているかという問題にほかならないから、その法律効果の発生の有無は法律要件が充たされているか、言い換えれば、法律事実にあたる事実（これを民事訴訟法では主要事実または直接事実という）が存在するかを確定すれば判断できることになる。

　実際の条文で確かめてみよう。この事例でＢが主張する不法行為による損害賠償請求権について定めるのは民法709条である。

　民法709条は、「故意又は過失によって他人の権利又は法律上保護される利益を侵害した者は、これによって生じた損害を賠償する責任を負う。」と規定する。

　「損害を賠償する責任を負う」とは、侵害行為を行った者が損害賠償をする義務を負うことを意味するから、この条文は、侵害行為の被害者に損害賠償を求める権利、つまり損害賠償請求権が生じることを定めているといえる。同時に、どのような条件（要件）が備われば損害賠償請求権が発生するかも定めている。この条文から読み取ることができる、損害賠償請求権が発生する要件は次の４つである。①故意又は過失の存在。②他人の権利又は法律上保護される利益の侵害。③損害の発生。④侵害行為と損害発生との間の因果関係の存在。

　原告のＢはこの４つの要件に該当する事実（主要事実）の存在を主張することになる。

　これらの事実の主張を受けた被告のＡはなんらかの態度を示すはずである。その態度にはまず、Ｂの主張は違っていて、その事実は存在しないと主張する反応がある。これを相手方の事実の主張を争うといい、その態度を否

認と呼ぶ。またAは、Bの主張の通りその事実は存在するとの反応を示すこともある。これを相手方の事実の主張を認めるといい、その態度を自白と呼ぶ。AがBの事実の主張を争った場合、その事実は証拠によって証明されなければならない。これに対して、AがBの事実の主張を認めた場合には、その事実は証明する必要がなくなり、存在するものと扱われて裁判がなされる（民事訴訟法179条）。

　AはBの主張を争うだけではなく、別の事実を主張して対抗することもできる。たとえば、治療費や見舞金などをBの要求通り支払っていて、Bへの賠償は済んでいるなどと主張できる。このときAは、Bが存在すると言っている損害賠償請求権は支払いにより既に消滅していると主張しているといえる。この事実は権利の消滅という法律効果を導く要件事実にあたる事実であるから、やはり主要事実である。この支払い済みであるという、Aの事実の主張に対しても、Bはそのような事実はないと争うこともできるし、争わずに認めてしまうこともできる。もし争われれば、Aはその事実の存在を証拠によって証明しなければならない。

　このように、相手方が事実の主張を争うか認めるかで取扱いが異なるのは、裁判所が権利の存否を判断するための判断材料となる事実や証拠を集めるのは専ら原告と被告という当事者だけの役割とされているからである。その結果、裁判所は、当事者から主張された事実だけを判断材料とし、当事者が提出した証拠のみに基づいて事実が証明されたといえるかを判断することになる。このような原則を弁論主義という。

　両当事者は主張した事実のうち相手方に争われた事実は証拠によって証明しなければならないが、もしどれかの事実の存在を証明できなければ、その事実はなかったものとして取り扱われる。例えば、BがAの「故意又は過失」に該当する事実の存在を証拠によって証明できなければ、その事実の存在は認められず、民法709条が適用される要件を充たさないことになる。

　このように、争いがある事実の存在を証明する責任（これを証明責任という）は、請求で主張された権利の存在を導く要件に該当する事実については

原告が、その消滅を導く要件に該当する事実については被告が負う。

　証拠がどの程度信用できるか、事実を証明できたかどうかの判断は、裁判官の心証に委ねられる。つまり、裁判官が、その事実が存在すると確信すればよいわけである。これを「自由心証主義」という（民事訴訟法247条）。これは、民事訴訟、刑事訴訟に共通する原則である。ただし、証明できたと判断するためのハードルは、刑事訴訟の方がやや高いとされている。

（4）　判　決

　裁判所は、審理が十分になされたと判断したときは、口頭弁論を終結して審理を打ち切り、裁判所の判断を判決の形で示すことになる（民事訴訟法243条1項）。

　裁判所は、両当事者から提出された証拠から事実の存在が証明されたと判断するときは、その事実を認定する。こうして認定された事実に基づいて損害賠償請求権が存在するかどうかを判断し、存在すると判断するときは、Bの損害額を確定した上で、Aに損害賠償の支払いを命じる判決を行う。この場合、裁判所は、Bの主張（請求）に理由があると判断したことになる（原告の勝訴。これを請求認容判決と呼ぶ）。これに対して、Bの請求に理由なしと判断すれば、Bの請求を棄却することになる（原告の敗訴。これを請求棄却判決と呼ぶ）。

　裁判所が、Bには損害賠償請求権が発生していると判断しながら、Bの主張した賠償額よりも少ない賠償額しか認めない場合もある。これは、原告の一部勝訴、一部敗訴である。これを一部認容判決（これは、一部棄却判決でもある）という。

　いま、AはBに対して、損害賠償として100万円支払えという判決が確定したとする。にもかかわらずAが支払いを拒否する場合には、Bは、確定判決を基に、強制的にAに100万円を支払わせるための手続（強制執行の手続）に入るように裁判所に申し立てることになる（確定判決については第13章を参照せよ）。

３．刑事訴訟

（1）刑事事件

　Aが社会そのものの利益を害したことに対して、（社会に成り代わって）検察官が救済要求＝訴えを裁判所に提起する場合、これを刑事訴訟という。刑罰をめぐる社会（検察官）とAとの間の争いを刑事事件という。

　【事例】を基に考えてみよう。Aの違法行為によって、（Bのみならず）社会そのものの利益もまた害されている。つまり、社会のすべてのメンバーが守らなければならないルールをAが破った（言い換えると、社会の秩序を乱した）という意味で、Aは社会そのものの利益を害しているのである。そこで社会は、このAによる侵害行為に対する救済として、刑罰という形でAに社会的非難が加えられる（そうすることでルールの存在を確認し、秩序を回復する）ことを求める。

　ところが、社会そのものが裁判所に訴えを行うことはできないから、社会に成り代わってこの訴えを行う者が必要になる。それが検察官である。ところで、検察官は、どのような行為（社会のルールに反することによって社会の利益を害する行為、つまり犯罪行為）に対してどのような刑罰を科したいのかという社会の意思に従って訴えを提起するのだから、その社会の意思を知らなければならない。

　この社会の意思は、現代の日本の法制度では、法律という形で表明される。したがって検察官による訴え（これは、検察官という国家機関によってなされるものであるから、公訴という）の提起は、法律によって犯罪とされた行為についてのみ行われる。また、この検察官による訴えに応えて裁判する裁判所は、犯罪の処罰を求める社会の意思の表明としての法律に則って裁判する。したがって、刑罰を科するためには、いかなる行為が犯罪となり、それに対していかなる刑罰が科せられるのかを明示する法律がなければならない（＊2）。それが刑法である。今の事例でいうと、刑法204条がそれに当たる。検察官は、Aの行為が、刑法204条にいう「人の身体を傷害」する違法

な行為に該当するから、Aに対して刑法204条に定められた一定の刑罰を科するように裁判所に求めるのである。

　したがって、刑事訴訟において問題になっているのは、社会とAとの争いであり、検察官が、社会に成り代わって、Aに刑罰を科するように裁判所に求めることになる。刑事訴訟において、検察官によって裁判所に訴えられた（起訴された）者を被告人という。したがって、Aは、起訴されれば被告人となる。

　Aが社会のルールを犯して社会の利益を害したことに対して、検察官が、この社会に成り代わって、Aに刑罰を科するように裁判所に求める。検察官は、社会の処罰意思の表明としての刑法に照らし合わせ、Aの行為が刑法204条に規定された「人の身体を傷害」する行為であることを確認したときは、裁判所に対し、Aは刑法204条の規定する犯罪（罪）を犯しているのだから、刑法204条を適用して刑罰が科せられるべきだと主張し、審判（審理と判決）を求める。つまり、公訴を提起する。裁判所は、この検察官の主張に理由があるかどうかを審理し判決する。このように、公訴を提起できる（公訴権が認められている）のは検察官だけであり（刑事訴訟法247条）、犯罪の被害者やその他の第三者に公訴権はない。

（2）捜　査

　検察官は、裁判において、Aが、刑法204条の定める、犯罪を構成する要件（これを「構成要件」という）である「人の身体を傷害」する行為を行ったこと、つまり刑法204条の構成要件に該当する事実が存在することを、証拠によって証明しなければならない。また、刑事事件における公判手続は、被告人が公判期日に出頭しなければ原則として行うことができない（刑事訴訟法286条）。そのため、犯罪行為に出た疑いがあり、被告人とされる可能性がある者（被疑者）をあらかじめ発見し、場合によっては、その事前の逃亡を防いで、公判期日における出頭を確保する必要がある。そこで、裁判における証明のために犯人及び犯罪事実に関する証拠を収集・保全することと、被

疑者の逃亡や罪証隠滅を防止するために場合によってはその身柄を拘束することが必要になる。

　このように、犯罪事実の証拠と、（必要に応じて）被疑者の身柄とを確保する手続のことを、捜査と呼ぶ。この役割を担うのが、司法警察職員（司法警察員と司法巡査）としての警察官である（刑事訴訟法189条）。そもそも犯罪の捜査は、司法警察職員が、「犯罪があると思料するとき」に開始される（刑事訴訟法189条 2 項）。検察官もまた、「必要と認めるときは、自ら犯罪を捜査することができる」（刑事訴訟法191条）。したがって、両者が捜査機関である。捜査において検察官は、司法警察職員に対して指示または指揮を行うことができる（刑事訴訟法193条）。検察官は、捜査によって明らかになった犯罪事実を理由にして公訴を提起し、裁判所の審判を求めるのである。被疑者の身柄の確保（身体拘束）に関しては、逮捕（刑事訴訟法199条〜206条、209条〜217条参照）と勾留（いわゆる被疑者勾留。刑事訴訟法207条〜208条の 2 参照）という手続が認められている。司法警察員が被疑者を逮捕した（又は、被疑者を逮捕した司法巡査から被疑者を受け取った）場合、司法警察員が被疑者の「留置の必要があると思料」したならば、被疑者の身体が拘束された時点から48時間以内に被疑者を検察官に送致しなければならず（刑事訴訟法203条 1 項）、被疑者を受け取った検察官が「留置の必要があると思料」した場合には、「被疑者を受け取った時から二十四時間以内に裁判官に被疑者の勾留を請求しなければならない」（刑事訴訟法205条 1 項。ただし、勾留請求は被疑者が身体を拘束された時から72時間以内に行わなければならない（刑事訴訟法205条 2 項））。そして裁判官が勾留を認めた場合、被疑者の身体拘束が認められるのは勾留請求の日から10日間である（刑事訴訟法208条 1 項）。「やむを得ない事由があると認めるとき」は、検察官の請求により勾留期間の延長が認められ得る（ただし、「この期間の延長は、通じて十日を超えることができない。」（刑事訴訟法208条 2 項））。

（3）公　判

　公訴が提起されると（＊3）、検察官は、裁判において、被告人 A について刑法204条の構成要件に該当する事実が存在することを証拠によって証明する（事実の認定は、証拠によってなされる〔証拠裁判主義〕。刑事訴訟法317条）。そして、それぞれの証拠が持つ証明力（その証拠が要証事実の存在を基礎づける程度、確からしさ）をどの程度のものとして評価するかは、「裁判官の自由な判断」に委ねられている（自由心証主義。刑事訴訟法318条）。しかし他方で、刑事訴訟においては、一定の証拠に関して、およそ証拠となり得る資格（証拠能力）を最初から否定するという各種のルールも存在している（いわゆる伝聞法則（＊4）、自白法則（＊5）、違法収集証拠排除法則（＊6））。検察官による犯罪事実の証明が不十分だと裁判官が判断する場合には、裁判官は被告人無罪の判決を行わねばならない。つまり裁判官は、犯罪の事実が存在したかどうかを判断するのではなく、検察官が犯罪の事実を証明できたかどうかを判断するのである（刑事訴訟法336条）。

　証拠がどの程度証明できているか、つまり証拠の証明力については、上記の通り、裁判官の心証に委ねられる。どの程度の証明があれば犯罪事実を認定できるかというと、現在では、合理的な疑いをいれない程度の証明が必要であるとされる。したがって、合理的疑いが残る場合には、証明がなされていないのであるから、犯罪事実は存在しないとされ、無罪が言い渡される。

４．契約に関する事例

　これまで考えてきた事例は、民法において不法行為と呼ばれるものに関する事例であった。ここで別の事例を考えておきたい。それは契約に関するものである。不法行為と契約は、民法において、債権が発生する代表的な源泉である。

XはYとの間で、自分のものである絵画甲を10万円で売る売買契約を締結した。Xはすでに甲をYに引き渡したのだが、Yは支払いを渋り、支払期限が来ても代金10万円を支払わない。

　この場合、Yは、契約は守られねばならない、つまり契約から生じる債務を誠実に履行しなければならないという社会のルールに違反しており、それによってXの利益を害しているといえる。したがってYはその責任を取らなければならない。自力救済は禁止されているのだから、Xは裁判所に訴えるという形で救済要求を行うことになる。裁判は、法のルールに従って行われるから、まずは、〈契約に基づく債務の不履行は（社会のルールに反して）債権者を害する違法なものであるから、強制的に履行させることができる〉という法のルールが存在するのかどうか確かめる必要がある。現在の日本の民法は、このルールを当然の前提にしていると考えられるから、このルールは法のルールとして存在するということができる。Xはこのルールを基にYを相手取って裁判することになる。Xは、Yとの間で契約が有効に成立していること、支払期限が来ているのにYが代金を支払わないこと、等を証拠によって証明しなければならない。もし裁判所がXの要求を理由ありと認めるならば、裁判所は、Yに対して、10万円をXに支払えという判決を下すことになる。この判決が確定したにもかかわらずYが支払いを拒否する場合には、Xは、確定判決を基に、強制的にYに10万円を支払わせるための手続（強制執行の手続）に入るように裁判所に申し立てることになる。

　これに対して刑法には、契約違反や債務不履行を処罰する規定はない。つまり、契約違反や債務不履行は、社会の秩序を乱す、社会の利益を害するとまではいえないので、民事責任の追及で十分だと社会が考えているということになる。

（＊1）　この場合の法のルールとは、明確に法のルールとして制定されたものだけでなく、法のルールになっていると解釈することができるようなものであればよい。

（＊2）　【罪刑法定主義との関連で】すでに述べたように、刑事責任を追及するのは、つまり処罰を求めるのは、犯罪行為によってその利益を害された社会であるが、この処罰を求める社会の意思は法のルールとして表明される。近代国家（自由で民主的な国家）の法制度においては、法のルールは、国民（社会のメンバー）自身が、国民を代表する議会を通じて法律という形で決定する。処罰を求める社会の意思の表明としての法のルールの制定の仕方は、社会によってさまざまであるだろう。近代国家においては、議会による法律という形で制定されるのである。したがって、近代国家については、〈法律がなければ犯罪はなく、刑罰もない〉ということになる。これを「罪刑法定主義」という。これは、近代刑法の大原則になっているが、詳しくは第10章で説明する。

（＊3）　刑事訴訟法248条は、「犯人の性格、年齢及び境遇、犯罪の軽重及び情状並びに犯罪後の情況により訴追を必要としないときは、公訴を提起しないことができる。」と規定している。つまり、検察官は、犯罪の嫌疑が認められる場合であっても、ここに規定されている諸事情を考慮し、訴追の必要がないと判断した場合には、公訴を提起しないという事件処理をすることができる（このような事件処理を起訴猶予処分という）。検察官にこのような裁量を認める刑事訴訟制度のあり方を「起訴便宜主義」と呼ぶ（これに対して、犯罪の嫌疑が認められた場合に、検察官に不起訴とする裁量を認めず、必ず起訴しなければならないとする前提に立つ制度のあり方を「起訴法定主義」という）。

（＊4）　人が自分の記憶を話した内容（供述）は、刑事裁判においても重要な証拠となり得るが（供述証拠）、刑事訴訟法320条は、一定の例外を除き、「公判期日における供述に代えて書面を証拠とし、又は公判期日外における他の者の供述を内容とする供述を証拠とすることはできない。」と規定し、公判期日外になされた人の供述（これを伝聞供述という）の証拠能力を否定している。このように、伝聞供述の証拠能力を原則として否定するルールを、伝聞法則という。公判期日に裁判所においてなされた供述であれば、反対尋問によってその供述内容が正しいものであるかを問い質し、場合によってはその誤り（記憶違いではないか、等々）を明らかにすることができるが、公判期日外でなされた誰か（例えば、公判廷にいないA）の供述が、伝聞の形で（例えば、Xが、「Aが『自分は○○を見た』と言っていた」と証言する、といった形で）裁判所に持ち出されても、およそ反対尋問によって「自分は○○を見た」というA

の供述の信憑性（A 自身の記憶違いなど）をチェックすることができない、というのがその根拠である。しかし他方で、刑事訴訟法には、伝聞供述であっても、一定の要件の下で証拠能力が認められるという例外的な場合が規定されており（刑事訴訟法321条以下）、これらを伝聞例外という。

（＊5）　被告人が、自己の犯罪事実の全部又はその主要部分を認める供述のことを、自白という。そして、刑事訴訟法319条1項は、「強制、拷問又は脅迫による自白、不当に長く抑留又は拘禁された後の自白その他任意にされたものでない疑のある自白は、これを証拠とすることができない。」と規定し、一定の自白についてその証拠能力を否定しており、このルールを自白法則と呼ぶ（自白法則の意義・根拠については、虚偽排除、人権擁護、違法排除などが主張されてきた）。

（＊6）　違法な捜査手続によって収集された証拠はその証拠能力が否定される、というルールを、違法収集証拠排除法則と呼ぶ。これを一般的ルールとして規定する条文は刑事訴訟法に存在しないが、判例上、一定の場合にこのルールの適用が認められている。

第4章

法の解釈

　司法とは、具体的な事件に対して法のルールを適用し、その結果を宣言することによって事件を解決する作用である。したがって、まずは事実関係を確定し、そこに法のルールを当てはめて（適用して）、結論を導き出す。この場合の法のルールとは、条文そのものではなく、民法709条に関して見たように、条文を基に、要件・効果という形で整理されたものである。

　ところで、条文や法のルールの意味は、解釈によって確定される必要がある。法を作るときに、問題となるすべての事例を予測し、考慮に入れることは不可能であり、法のルールを適用することができるかどうかが不明確な事例がどうしても生じるのである。また、法を作るときには、このような予測不可能な事例が生じることを見越し、ある程度抽象的な表現を用いることになる。したがって、法は、解釈されることが予定されており、解釈されることによってはじめて意味が確定する。本章では、この解釈の問題を扱う。

1．具体的事例を基に

　まず、次の事例を見てほしい。

事 例 1

　自転車を運転していた A は、運転中に、ポケットに入っていた携帯電話が鳴りだしたので、それを取り出そうとしたところ、前方への注意を

怠り、前を歩いていたBと衝突してしまった。Bは大けがをして1か月入院し、多額の入院・治療費がかかった。Bは、Aからこれらの費用を賠償してもらえるだろうか。

これは、民法709条の適用の問題である。第3章で述べたように、損害賠償請求権が発生する要件は次の4つである。①故意又は過失の存在。②他人の権利又は法律上保護される利益の侵害。③損害の発生。④侵害行為と損害発生との間の因果関係の存在。

Aの行為は、不法行為成立の要件のうちの②③④は充たしているようである。問題は①の要件である。AがわざとBに衝突したわけではないから、Aに故意はなかったといえる。問題は、Aに過失があったかどうかである。果たしてAに不注意があったかどうか？　言い換えると、過失、つまり不注意に該当する事実がAにあったかどうか？

そこで、「過失」の意味を確定しなければならない。過失は辞書的な意味では「不注意」であるが、不注意というと、まずは、注意を欠いた主観的・心理的な状態のことを指すと考えられる。この事例において、Aは明らかに主観的に注意を欠いた状態にあった。したがって、Aには過失があり、したがって①の要件も充たす。以上から、Aの行為は民法709条の要件を充たしており、したがってBに対する損害賠償義務が生じると考えられる。

ところが、次の事例を見てほしい。

事 例　2

大事な用事に遅刻しそうになったAは、多くの人々で混雑する歩道（自転車の通行が許されている歩道）を全速力で自転車を走らせ、Bと衝突してしまった。Bは大けがをして1か月入院し、多額の入院・治療費がかかった。Bは、Aからこれらの費用を賠償してもらえるだろうか。

　【事例1】と同様に、Aの行為は、不法行為成立の要件のうちの②③④は充たしているようである。やはり問題は①の要件である。AがわざとBに衝突したわけではないから、Aに故意はなかったといえる。それでは、Aに過失があったといえるだろうか。

　そこで、「過失」の意味を確定しなければならない。過失、つまり不注意を、いま述べたように、注意を欠いた主観的・心理的な状態のことを指すと解釈してみよう。このような意味での過失がAにあったといえるだろうか。おそらくAは、人に衝突しまいと最大限に注意を集中させていたと思われる。つまり、このような意味での不注意はなかった。したがって、過失を、注意を欠いた主観的な状態のことを指すと解釈する限りは、Aに過失はなく、過失がないのだから民法709条の要件を充たさず、したがって損害賠償の責任も生じないということになる。

　しかし、この結論はおかしいように思われる。やはりAには過失、不注意があったといわざるをえない。けれども、過失を、注意を欠いた主観的な状態のことを指すと解釈する限りは、Aには過失がなかったといわざるをえない。そこで、過失を別の意味で解釈する必要がでてくる。

　さまざまな学説（学者の先生方の主張する説）が主張されたが、現在では、過失は、結果回避義務違反として理解するのが一般的なようである。多くの人々で混雑する歩道を全速力で自転車を走らせたならば、誰かと衝突してケガをさせることは当然予見することができる。Aはそのような結果を予見して、その結果を回避する行動を取るべきであった。そうしなかったところに（つまり、衝突するという結果を回避すべき義務に反して自転車を走らせてしまったところに）Aの不注意、つまり過失があるということができる。⇒それでは、【事例1】においては、Aにいかなる結果回避義務違反があったのだろうか。考えてみてください。

　ここには法（法律）の解釈という問題が現れている。法律の文言は抽象的なので、具体的な事件にそれを適用するにあたっては、意味を確定する作業が欠かせない。【事例2】において、「過失」を主観的な不注意と解釈すれ

ば、Aには過失がない。けれども、結果回避義務違反と解釈すれば、Aには過失がある。どちらの解釈が正しいか。それは、事件を公平に解決できるかどうかにかかっているといえる。上の文章で、「おかしい」に下線を引いたが、この「おかしい」とは、この事例においてAに過失がないと判断され、Aが責任を免れるのはおかしい、Bとの関係で公平性を欠く、といった意味である。法律の解釈とは、具体的事件に公平な解決を与えるためには法律はどう解釈されねばならないか、という価値判断を基に行われる。法律の文言の意味をただ考えるだけの作業ではない。

2．民法の解釈と刑法の解釈

　上の事例はいずれも民法に関するものである。民法（さらには、私法一般）において問題になるのは私人どうしの争いであるから、裁判所は両者の争いを公平に解決しようとする。もちろん、裁判は、法、とりわけ法律に則って行わなければならないが、その法律を基に裁判官は、事件を解決しうる、つまり争いを公平に解決しうる規準を比較的自由に読み取ることができる（法律は、事件を解決しうる規準を読み取るための素材である。この素材のことを「法源」という。第11章参照）。そのために、さまざまな法の解釈技法が存在する。

　これに対して刑法は、人に刑罰という重大な不利益を科するための法である。有罪とされた者は、執行猶予にならない限り、財産や自由を奪われ、場合によっては生命さえも奪われる。また、犯罪者という烙印を背負うことになる。このため、刑法には罪刑法定主義という大原則がある（第10章参照）。それによると、いかなる行為が犯罪となり、それにいかなる刑罰が科せられるかは法律によってあらかじめ明確に定められていなければならない。これは、まず、国民に予測可能性を与えるためである（自由主義的要請）。つまり、いかなる行為を行うと犯罪となり、それにどの程度の刑罰が科せられるかを国民が事前に予測可能でなければならない。したがって、刑罰法規の解

釈は、この予測可能性を害しないように、できるだけ文言に忠実に行わなければならない。また、刑罰という国民の権利に対する侵害については、その権利侵害を受ける国民自身が（国民を代表する議会による法律という形で）決めなければならない（民主主義的要請）。つまり、刑法とは、いかなる行為が犯罪となり、それにいかなる刑罰が科せられるかについての国民の決定を示す。したがって、解釈によって、国民が決定したとは言い難い犯罪や刑罰を作り出すことは許されない。

　そうはいっても、法の文言は抽象的であらざるをえないから、やはり解釈という作業は必要である。したがって、どの程度の解釈なら可能かという問題が生じる。これは刑法の基本問題の一つであり、詳しくは刑法の授業で勉強していただきたい。

3．解釈の技法

　とりわけ民法では、法律の柔軟な解釈が許されるが、それが裁判官による法の創造ではなく（裁判官には法を創造する権限はない）、すでに存在する法の適用であることを示すために、さまざまな解釈の技法が用いられてきた。ここにそのいくつかを紹介しておく。

事　例

　ある公園の入り口に、「公園に車を乗り入れてはならない」という掲示が出ている。それでは、バイクはこの公園に乗り入れてよいのだろうか。自転車はどうだろうか。馬はどうだろうか。

　この掲示に示された規定（定め）の意味を通常の言葉の意味と文法に従って理解することが始まりとなるだろう（文理解釈）。この「車」という文言のなかに自動車が含まれることは明らかだろう。それでは、この「車」にバイクが含まれるだろうか。「車」という言葉の意味を拡張するならば、バイ

クも「車」に含まれるだろう（拡張解釈）。けれども、自転車は、通常いう
ところの「車」には含まれないだろう。したがって、自転車は公園に乗り入
れることができると解釈することができる（反対解釈）。ところが、この規
定の趣旨・目的は、公園利用者の安全を確保するところにあると考えること
ができる。この公園がとても狭い場合には、自転車の乗り入れさえ危険な場
合がある。そうなると、自転車の乗り入れも許すべきではない。そうなる
と、拡張解釈によって自転車も「車」に含まれると解釈することができそう
である。あるいは、別のやり方をとることもできる。すなわち、この規定の
趣旨・目的は、公園利用者の安全を確保するところにあるのだから、その趣
旨を類推して、自転車は「車」ではないけれども、この規定を自転車の事例
にも適用すると解釈することもできる（目的論的解釈による類推解釈（または
類推適用））。馬はどれだけ拡張解釈をしてみても、「車」には含まれない。
けれども、公園利用者の安全を確保するというこの規定の趣旨を類推して、
馬にもこの規定を適用するという解釈を行うことが可能である。

　それでは飛行機はどうだろうか。「車」の乗り入れが禁止されているのだ
から、飛行機の乗り入れは勿論禁止されるだろう（勿論解釈）。

　さらに、縮小解釈というのもある。例えば、身体に障害を抱えた人が公園
を利用できるように送り迎えを行う自動車は、乗り入れが禁止されている
「車」に含まれないと解釈するならば、これは「車」の意味を縮小して解釈
していることになる。

　結局のところ、ある規定が文理上明らかに適用される場合を除いて、規定
の趣旨・目的と実際の事実関係を見て、現実に妥当・公平な解決が図られる
よう、場合に応じて、上に述べた解釈の技法が用いられることになる。さら
にいえば、文理上適用されることが明らかと思われる事例でさえ、やはり目
的論的解釈も同時に行われていると考えられる。規定の意味を考えるに当
たって、その目的を考えることが欠かせないからである。

　ところが、刑法は、原則として、文言に忠実に解釈されなければならな
い。かつて、電気窃盗という事件があった。古い事件なので、現代の規定に

当てはめて説明すると、刑法235条は「他人の財物を窃取した者は、窃盗の罪とし、十年以下の懲役又は五十万円以下の罰金に処する。」と規定する。民法の規定に「この法律において「物」とは、有体物をいう。」(85条) とあり、また常識的な意味からしても、物とは有体物を意味するだろう。ところが、電気は有体物ではない。したがって、罪刑法定主義の観点からは、電気は刑法235条の財「物」には該当せず、電気の窃盗は窃盗罪にはならないとも考えられる。ところが、当時の大審院(＊1)は、物理的な管理可能性があるならばそれは「物」とみてよいとし、窃盗罪に当たると判示した(大審院明治36年5月21日判決)。

　はたしてこのような解釈は許されるのであろうか。この疑問を解消するため、窃盗及び強盗の罪について、電気は財物とみなすという規定が置かれた(現在の刑法245条)。

　刑法においては、少なくとも、被告人に不利な類推解釈は許されないと考えるべきだろう。

（＊1）「たいしんいん」、または「だいしんいん」と読む。日本国憲法によって最高裁判
　　　所が設置される以前の、最上級審の司法裁判所である。明治 8 年（1875年）に設置さ
　　　れ、昭和22年（1947年）まで存続した。

第 5 章

近代の国家と法

　私たちの時代は「近代」に属する。近代とは、古代、中世に続く時代という歴史的な意味で理解することができるが、近代という時代になって登場した、古代とも中世とも異なる近代独自の政治の仕組みや文化、思想のことを指す場合もある。本章は、近代に特有な国家や法の仕組みを原理的に理解することをめざす。その導きとなるのがジョン・ロックの思想である。ロックこそが、イギリスにおける近代国家の形成期にあって、近代国家形成の論理を（トマス・ホッブズの影響を受けつつ）最も明快に定式化した思想家である。

1．近代市民社会

　近代国家は法によって国民を統治する。この近代国家の構造を考えてみよう。近代国家は、近代市民社会を前提にして、その秩序を維持したり共通の利益を図ったりするために、その構成員である自由で平等な独立した市民によって構成される国家である。

　この近代市民社会（以下、単に市民社会という場合もある）とは、商品交換を基礎にした市場社会であるということができる。人は、生活に必要なものを市場の商品を買うというかたちで手に入れるし、それを買うためのお金を手に入れるために、自分の労働力を労働力市場で商品として売り、それと引き換えにお金（賃金）を得る。ここではすべての者が商品交換の主体として認められ、自分の物を所有することが認められ、商品（お金を含む）の交換

（等価交換）によって必要なものを手に入れる。このように、市場における商品交換が人々の生活の中心になるとき、それを市場社会という。（以上のことから、市民とは、商品所有者または商品交換の主体であることがわかるだろう。）

　このような市民社会のルールが破られたならば、破ったことに対する社会的非難として刑罰が科せられねばならないし（刑事責任）、損害を被った市民に対して、損害を与えた市民がその損害を賠償しなければならない（民事責任）。ところが、もし国家が存在しないならば、このようなルールの執行は市民に委ねられる。したがって、行き過ぎ、つまり不公平な執行が生じる可能性がある。例えば、盗みを行った者に対し、死刑という刑罰を科そうとするかもしれない。そうすると不公平に執行された方は反発し、争いが生じるだろう。あるいは、不公平な執行でなくても、市民による執行は弱く、相手も抵抗する可能性がある。社会の秩序は危うくなる。このような市民社会の不都合を是正するために、人々は国家を形成する。この国家形成の仕方は、社会契約という考え方によって理解されている。つまり、市民たちの契約によって国家が構成され、その契約条項に則って国家が運営されるということである(＊1)。

２．ジョン・ロックの理論

　今述べたような近代国家の基本的な考え方を提示したのがジョン・ロック（1632-1704）である。そしてロックの理論はトマス・ホッブズ（1588-1679）の理論を引き継いでいる。おそらくホッブズは、近代的な国家形成の道筋を初めて描き出した思想家である。ロックはホッブズの理論を修正し発展させながら、私たちの政治制度の基礎をなす統治のしくみ・原理を考え出したということができる。

（1）　トマス・ホッブズの社会契約論

　ホッブズが『リヴァイアサン』で描き出した、近代国家形成の道筋は次の通りである。

　まず、国家が成立する以前の状態を仮定してみる（この、国家以前的な状態のことを「自然状態」と呼ぶ）。この自然状態において各人は、自己保存の自然権(＊2)をもつ。自然権とは、人間が生まれながらにもつ権利、または人間としての本性から当然に導き出される権利のことである。自然権をもった諸個人は、自己の生存に必要と自らが判断するあらゆることをなしうる権利をもつ。自分の生存のために必要と判断すれば他人を殺害することもできる。したがって、自然状態とは、諸個人の間の相互不信と戦争の状態である。つまり、自然状態とは、「万人の万人に対する闘争」、すなわち「戦争状態」である。

　この戦争状態のなかで「死の恐怖」を味わった諸個人は、理性に目覚め、平和への道を模索する。そして、諸個人は、自己の自然権の一切を無条件的に、一個人または一合議体に全面的に譲渡することを相互に約束する。これを「社会契約」という。この社会契約によって、自然権の全面的譲渡を受けた個人または合議体は「主権者」、譲渡した諸個人は彼の「臣民（国民）」になる。このとき国家が誕生する(＊3)。

（2）　ジョン・ロックの社会契約論

　ロックは、ホッブズのこのような考え方の枠組み（自然状態—自然権—社会契約）を基本的に引き継ぎながらも、それに次のような修正を加える。

　まず、自然状態においてすでに人間は、生まれながらに理性をもっているのであり、それを働かせることによって、人間は自然法（自然状態における人と人との間のルール）を容易に認識することができる。つまり、自然状態とは、自然法の支配する一種の社会状態なのである。

　ロックによると、人間は、理性を働かせることによって、他人が自分と同じ（平等な）人間的（人格的）な存在であることを容易に認識しうる(＊4)。

したがって、人は、自分がして欲しいことは他人もして欲しいし、自分がして欲しくないことは他人もして欲しくないことを認識する。

　ここから、人は、自分の生存を守りたければ他人の生存も尊重しなければならないことを認識しうる。ここからさらに次のことを認識しうる。自分自身が害されない限りは他人を害してはならない（これはつまり、自分が害されたならば、後述するような自然法の執行として処罰するという意味でこの他人を害することはできるが、そうでない限りは他人を害することはできないということである）。他人を害しない限りにおいて自由に行動することができる。そうなると、他人のものを手に入れるためには、その他人から暴力的に奪うことは許されないのだから、相手の欲求するものを相手に提供し、それと交換的に相手から、自分の欲求する相手のものを手に入れるのでなければならない。このようなルールのことをロックは「自然法」と呼ぶ。（これはまさしく、市民社会、市場社会の基本的ルールにほかならない。）

　ロックは、自分の生命・身体・自由・財産、またはそれらに対する権利のことを「プロパティ（property）」と呼ぶ（ロックの定義に忠実にいうと、プロパティとは自分の「生命・自由・財産」、またはそれらに対する権利のことであるが（＊5）、実質的には身体も含まれると考えられるので、本書では身体を含めてプロパティの定義とする）。これは、ホッブズがいうところの「自然権」に相当する。ロックのいうプロパティとは、文字通り「自己にプロパー（固有）なもの」ということである。自分の生命・身体・自由・財産は自分に固有なものであり、人間は、生まれながらに、または人間としての本性から当然に、それらへの権利をもつ。（自分の生命・身体・自由が「自己に固有なもの」であることはわかるが、なぜ財産が「自己に固有なもの」であるのだろうか。それは、財産とは、自己に固有なものである身体の労働の産物であり、したがって自己の身体の延長として、やはり自己に固有なものであるといえるからである。）

　プロパティは人間の人格的生存に欠かすことのできないものであるから、上で述べた「自分の生存を守りたければ他人の生存も尊重しなければならない」は、自分のプロパティを守りたければ他人のプロパティも尊重しなけれ

ばならない、ということと同じである。さらに、上で自然法として述べたことをプロパティという言葉を使って説明すると次のようになる。自分のプロパティが侵害されない限り、他人のプロパティを侵害してはならない。また、自分のプロパティは、他人のプロパティを害しない限りで、自分がよいと思うような仕方で自由に用いてよい。さらに、他人のもの（この他人自身のプロパティに属するもの）を手に入れるためには、その他人から暴力的に奪うことは許されないのだから、相手の欲求する自分のもの（自分のプロパティに属するもの）を相手に提供し、それと交換的に相手から、自分の欲求する相手のものを手に入れるのでなければならない。

　それでは、このような自然状態からなぜ国家が形成されるのだろうか。自然状態において各人は、いま述べたような自然法のもろもろのルールに従って生活する。ところで、自然状態においてこの自然法を執行するのは各人である。つまり、自然法違反を処罰する権利を各人がもつのである（なお、この処罰には、文字通りの処罰と、損害賠償させることの二種類のものが含まれている）。したがって、各人は自然法を自分に有利なように執行しようとするであろう。つまり、行き過ぎた執行、不公平な執行が生じるだろう。そのため、執行される方も抵抗して争いが生じ、自己のプロパティが侵害される事態になる。また、自然法を各人が自力で執行し処罰を加えるだけでは、自然法を破ろうとする者を押しとどめるには不十分である。なぜなら、この場合の処罰は、各人が（単独で、あるいは集団で）行う弱いものであるからだ。自然法を破る者が十分に強い場合には、処罰は無力になり、自然法が無視されて無秩序の状態に陥る可能性がある。この理由からも、自然法を社会全体で公平かつ組織的に執行する体制が必要になる（「執行」とは、強制力を背景にして法を実現することである）。

　そこで、自己のプロパティを守り、社会の秩序を維持するために、各人は「おのおの自然法を執行する権力を放棄し、それを公共の手に委ねるような形で結合」（ロック（加藤訳）後掲参考文献395頁）する社会契約を結んで政治社会（国家）を形成し、次に、自分たちを統治する政府（統治する者または合

議体）を選出し、自分たちのプロパティを守るために、立法権力を頂点とする政治権力を政府に「信託」する（加藤・後掲参考文献97頁）。これによって、政府は、自然法を公平に執行することによって、市民のプロパティを守る任務・義務をもつことになる。もし政府がこの信託に反して行動するならば、市民たちはそれに抵抗する権利（抵抗権）、さらには政府を取り換える権利（革命権）をもつ。

　これが、ロックの示す国家形成の論理である。これによれば、国家（政府）の任務は、自然法を公平に執行することによって社会の秩序を維持し、各人のプロパティを守ることにあるといえる。そして、この執行は、まずは法の制定、立法という形で行われる（＊6）。このロックの社会契約の論理が、その後の近代国家形成の基礎となった。（なお、市民社会とは、ロックのいうような政治社会の意味で用いられることもある。ロックのいう政治社会は、その実質は市場社会であるが、それにとどまらず、自分たちを統治する政府を選ぶ政治的な結びつきでもある。）

３．立憲主義

　このようなロックの思想から、政治社会の形成のときに、あるいは政府を選出し、政治権力を政府に信託するときに、人々が政府の構成の仕方や政府の役割について記した基本文書を作り、それを法として政府に守らせるという考え方がでてくる。このような考え方が、その後の立憲主義の基になる。立憲主義とは、最高法規である憲法によって政府（統治権力）を制約するという考え方であるが、いま述べたロックの考え方が原型となっていることがわかるだろう。このためロックは、近代立憲主義の基礎を築いた人といわれている。

　人々が国家を形成する目的は、自らの生命・身体・自由・財産への自然権、つまりロックのいう「プロパティ」を守ってもらうところにある。そのために政府（統治）の組織が構想される。したがって、憲法には、このよう

な政府の組織の仕方が定められると同時に、自然権が、政府によって侵害されてはならないものとして、「人権」または「基本的人権」として規定されることになる。

　したがって、近代憲法は、政府（国家）の組織の仕方について規定する「統治機構」の部分と、人権を列挙する「人権宣言」の部分から構成される。統治機構は、あくまでも人権を守ることを目的に構成される。

4．自然状態と市場社会

　ロックのいう自然状態とは、自然法の支配する社会状態である。そこで各人は、自由で平等な独立した人格として認められ、自分の生命・身体・自由・財産の所有を認められる。また他人のものを得るにはこの他人との合意によらなければならないが、この合意は自由になしうるし、この自由な合意（契約）によって自分の望む物を手に入れることができる。さらにそこでは分業が展開し、貨幣が使用され、そしてロックは貨幣の蓄積を認めている。これらのことから、ロックが主に考えていた自然状態とは、かなり発展した商品交換社会であり、それは、上で述べた市場社会にほぼ相当すると考えることができる（＊7）。

（＊１）【財産法と家族法】市場社会とは、経済を中心にした表現であるが、人が生きる
　　　ためには、経済活動を行うと同時に、家族生活を営む必要がある。したがって、社会
　　　を維持するためには、経済活動を規律すると同時に家族生活もまた規律しなければな
　　　らない。ここから、人間の私的生活を規律する市民法（民法）は、経済生活を規律す
　　　る財産法と、家族生活を規律する家族法とを二大分野にすることになる。

（＊２）　一般に自然権は英語では natural right と表記する。ただし、ホッブズが『リ
　　　ヴァイアサン』で用いているのは right of nature である。

（＊３）　ホッブズ（加藤訳）・後掲参考文献（上）274-277頁参照。ここだけを取ると、
　　　ホッブズは絶対君主の擁護者のようにも見えるが、実はそうとも言い切れない。ホッ
　　　ブズの理論はさまざまな様相をもつのである（田中・後掲参考文献69-70頁参照）。

（＊４）【ロックにおける人間の平等の2つの解釈】この自己と他人との平等の認識に関
　　　しては、大きく分けて二つの解釈が可能である。まず、どんな人間も他人を絶対的に
　　　支配できるほどには強くないという意味で、人間は自己と他人とが精神的・肉体的能
　　　力においておおよそ平等であることを認識するという解釈。このおおよその平等とい
　　　う考え方はホッブズにすでにある。もう一つは、人間は神の被造物として互いに平等
　　　に造られている（つまり、人格の尊厳において平等である）という意味で互いに平等
　　　であることを認識するという解釈。ロックを素直に読めば後者が正しいようにも思え
　　　るが、前者のような考え方がロックにあることも確かである（マーサ・C・ヌスバウム
　　　（神島裕子訳）『正義のフロンティア──障碍者・外国人・動物という境界を越えて』
　　　（法政大学出版局、2012年）51-56頁参照）。しかし、この問題には踏み込まないこと
　　　にする。

（＊５）　ロックによるプロパティ（現在では「固有権」と訳されることが多い）の定義は
　　　次の通りである。「自分の固有権（プロパティ）、つまり生命、自由、資産（his property, that is,
　　　his life, liberty, and estate）」（ロック（加藤訳）・後掲参考文献392頁。John Locke,
　　　Two Treatises of Government, Book Ⅱ, Chapter Ⅶ, §87.）。（本文中の「財産」は、
　　　加藤訳では「資産」となっている。）

（＊６）【ロックにおける権力分立】本文で述べたように、ロックによれば、国家（政府）
　　　の役割は、自然法の公平な執行である。この場合の「執行」とは、立法（法の定
　　　立）・司法（定立された法を適用して具体的事件を解決する）・行政（法の強制的な実
　　　現、つまり法の執行）のすべてを含んでいると考えられる。なるほど、司法と行政が
　　　法の執行であるというのはわかるが、立法が法の「執行」であるとはわかりにくい。

けれどもロックによれば、立法とは、（明示的に定立されているわけではない）自然法を明示的に定立して、それに従うように国民に強制する、つまり従わなかった場合には刑罰を科すとの予告をもって国民に従うように要求するという意味で、自然「法の執行」なのである。

　社会の各メンバーの生命・身体・自由・財産、あるいはそれを前提にした社会の秩序を守る法のルールが作られるためには、法のルールを作る立法部は、社会のメンバー＝国民を代表するものであること、とりわけ国民を代表する議員からなる議会であることが適切である。近代においては、立法部とはほぼ議会のことを指すといってよい。

　ロックは、政府の権力を、「立法権力」と「執行権力」とに分離する。この場合、「立法権力」とは法を作る権力であり、立法部がそれを担う。これに対して「執行権力」とは、立法部に従属しながら、立法部の作った法を執行する権力である。これを担うのは司法部と行政部である。ロックにおいてはさらに、これに「連合権力」が加わる。これは、「当該の政治的共同体の外部にあるすべての人々や共同体に対して、戦争と和平、盟約と同盟、その他すべての交渉を行う権力」（ロック（加藤訳）・後掲参考文献470頁）、つまり外交権のことである。こうして、ロックは、「立法権力」、「執行権力」、「連合権力」というかたちの権力分立を構想する。もっともロックは、「執行権力」と「連合権力」とを分離して別々の人の手に委ねることは不可能であるし、実際的ではないという（ロック（加藤訳）471-472頁）。

（＊7）「ロックの自然状態では、土地に労働を投下するだけでなく、分業まで展開しています。そこに描かれたのは、いわゆる原始状態ではなく、「初期」資本主義の経済構造です」（松下・後掲参考文献161頁）。

（参考文献）

トマス・ホッブズ（加藤節訳）『リヴァイアサン』（上）（下）（ちくま学芸文庫、2022年）

田中浩『ホッブズ――リヴァイアサンの哲学者』（岩波新書、2016年）

ジョン・ロック（加藤節訳）『統治二論』（岩波文庫、2010年）

加藤節『ジョン・ロック――神と人間との間』（岩波新書、2018年）

松下圭一『ロック『市民政府論』を読む』（岩波現代文庫、2014年）

第 **6** 章

近代における経済の展開と国家

　近代国家は、後述するように、夜警国家から出発したが（ジョン・ロックの示す社会・国家像は夜警国家の考え方を典型的に示している）、やがて、自由市場と資本主義の進展に伴う格差の発生、社会的・経済的弱者の発生という問題に直面して、福祉国家への転換を余儀なくされた。現代の国家は、基本的には福祉国家であるといってよい。本章では、夜警国家から福祉国家へと至った原因、つまり社会的・経済的弱者が生じた原因について概観しながら、夜警国家、福祉国家とはいかなる役割を担った国家であるのかを考察する。

1．経済発展と市場

　人は生きるために経済活動を行わねばならないが、それがどのように発展していくか考えてみよう。

　生きるために人々は最初は、主に家族のなかで、必要とする物を自分たちで生産する自給自足の生活を送っていたであろうが、自分の必要とする物以上の余剰物をもつようになると、この余剰物を、自分の欲求を満たす他人の物と交換しようとする。つまり、余剰物どうしの交換が行われるようになる。そうすると、今度は他人の生産物を交換によって手に入れるために物の生産を行うようになる。つまり、商品の生産が行われる。こうして分業が始まると考えられる。けれども、自分が欲しいと思っている生産物をもつ他人

が、自分の生産物を欲しいと思わないこともある。これを避けるために、人は、誰もそれとの交換を拒否することがないと思われる商品を手元に置いておこうとする。やがて、何とでも交換できる特定の商品が、貨幣として固定される。交換は貨幣を仲立ちとするようになるだろう。分業の進展と貨幣の導入が、近代的な市場を成立させる。アダム・スミスは、貨幣の成立過程についておおよそこのように説明した後で、次のように述べる。「貨幣がすべての文明国で普遍的な商業用具となったのはこのようにしてであり、この用具の媒介によってあらゆる種類の品物は売買され、相互に交換されているのである」（アダム・スミス（水田洋監訳、杉山忠平訳）『国富論』（一）（岩波文庫、2000年）60頁）。

　市場において人が必要な物を手に入れるためには、自分の物（自分の労働力を含む）を他人の物と交換しなければならない。通常は、自分の物と貨幣とを交換し（つまり、自分の物を売り）、それによって得た貨幣によって、必要な物と交換する（つまり、買う）ことになる。同種の商品を売りたい人が複数いる場合、そこに競争が発生する。つまり、市場においては自由競争が行われるのである。市場が人々の生活の中心になるとき、市場社会が成立したといえる。

２．市場社会と貧富の差の発生、資本主義社会におけるその拡大

　市場においては自由競争が行われる。したがって、安くて良質の商品を作る能力のある人、優れた労働能力をもつ人はお金を稼ぎ、豊かに生きていくことができるが、その能力のない人は生きていけなくなる。ここに、貧富の差が発生する。貧しい者は、富める者の財産を奪わないと生きていけなくなる。そのため治安が悪化する。

　この市場経済の下で、蓄積した貨幣を元手（＝資本）とした資本主義的生産様式が生じた（資本主義的生産様式とは、原料・土地・工場・機械といった生産手段を資本家が所有し、労働者は資本家の下で働き賃金を得て生活を維持する

という生産の様式である。労働者の生産する商品を資本家（＝経営者）は売り、それによって投下資本を回収し、利潤を得、さらにより生産を拡大させようとする（＊1））。

　この資本主義的生産様式の進展によってさらに貧富の差が拡大し、固定化した（資本家階級と労働者階級という「階級」の発生）。そもそも労働者は、資本家の下で働かなければ生きていけないから、資本家との関係で弱い立場にあり、労働力を買い叩かれてしまう。また、そもそも働けない人々や働く力の弱い人々（失業者、女性、子供、老人、病者など）は生きていくことが困難になる（社会的・経済的弱者の発生）。

３．夜警国家（自由国家、消極国家）から福祉国家（社会国家、積極国家）へ

　近代の初めには、国家とは、市場（市民社会）の外から市場の秩序を守ることだけを任務とし、市場の活動に介入してはならない（言い換えると、市民の自由に干渉してはならない）という「夜警国家」（「自由国家」または「消極国家」ともいう）の考え方がとられた。ジョン・ロックによると、国家の役割は、自然法の公平な執行（立法による自然法の精密な制定と裁判や行政による公平な適用・執行）にあるが、ロックのいう自然法は市場のルールに相当するから、これは市場の秩序を守ることにほかならず、夜警国家の考え方である。

　市場における自由な経済活動と資本主義経済の進展の結果、著しい貧富の差が生じるという状況の下で、国家が貧しい人々を救済すべきであろうか。夜警国家の考え方によると、このような救済は、市場（社会）の秩序維持という国家の役割を越えたことであるからなすべきではないということになる。この問題が、19世紀終わりから20世紀初めにかけて、当時の資本主義の先進国において論争され、国家がこのような貧しい人々の生存を保障すべきであるという考え方が強くなった。こうして国家は「福祉国家」（「社会国家」または「積極国家」ともいう）へと転換した。

　国家によるこのような生存保障は、当初は人類愛に基づく恩恵によるものと考えられたが（つまり、かわいそうだから救済する）、やがてそれは「人権」であると考えられるようになった。これを「社会権」（国家による自由）という。その中心は生存権である。すべて人間は人間に値する生活（生存）を営む権利を有し、それが困難な場合には、この権利を保障するよう国家に請求することができる。これに対し、国家による個人の権利・自由の侵害を防ぐという従来の人権を「自由権」（国家からの自由）という（＊2）。

　夜警国家においては、国家は、市場社会＝市民社会のルールを法として制定したり、そのような法を適用・執行することによって市場社会＝市民社会の秩序を守ることを主な任務とした。これに対して、福祉国家の下では、生存権（社会権）の理念を基に、すべての人に人間に値する生活を保障することが国家の任務として加わる。そして、市場社会の基本的ルールである近代市民法（民法）の原理を修正する新たな法思想が生まれた。これを社会法思想と呼び、この思想に基づく法のことを社会法と呼ぶ（伊藤正己＝加藤一郎編『現代法学入門』〔第4版〕（有斐閣双書、2005年）157-158頁参照）。

4．福祉国家とは何か

　このように福祉国家とは、社会的・経済的弱者を救済する（彼らの生存を守る）国家のことであるが、この救済は次のような仕方で行われる。一方で国家は、累進課税（＊3）などによって富める者からより多くの税を徴収して弱者救済の財源とし、他方では市場＝市民社会に積極的に介入し、国家の主導で、例えば公共事業によって雇用の創出や経済の活性化を行ったり、また公的な社会保障制度や社会福祉制度をつくったり、労働者の権利（団結権・団体交渉権・ストライキ権）を認めたりする。つまり福祉国家とは、社会的・経済的弱者を救済するために財の再分配（または富の再分配）を行う国家である。市場における経済活動によっていったん割り当てられる財を、国家が強制的に再分配するのである。（ただし、福祉国家は市場を否定するのではな

く、むしろ市場を前提にしていることに注意せよ。富める者がいくら高額の税金を納めるとしても、彼の手元に残るお金は、弱者が国家による援助も得て手にするお金よりも多いのでなければならない。つまり、福祉国家は、富の不平等、格差を否定するのではなく、市場における自由競争によって生じた格差を小さくしようとするのである。)

（＊ 1 ）【所有と経営の分離】市場経済が発展し、企業規模が大きくなると、資本家、つまり資本の所有者と経営を支配する者とが分離し、専門経営者が経営を支配するようになった。これを「所有と経営の分離」、または「資本と経営の分離」という。

（＊ 2 ）【人権の区分】伝統的な人権として、自由権に加えて参政権（国家統治に自分の意思を反映させる権利という意味で、国家への自由という）がある。これに社会権が加わったことで、人権は、自由権、参政権、社会権に区分されることになる。

（＊ 3 ）【累進課税とは】累進課税とは、累進税率に基づく課税方式のことである（現在の日本の所得税はこの方式をとる）。これは、例えば、所得が高くなるに従って、10％、20％、30％、……というように段階的に税率が上がっていく方式のことである。

第 7 章

近代市民法の基本原則

　ここからは、民法（市民法）の財産法と、刑法の基本的な考え方について説明していきたい。まず本章では、近代国家における市民法（近代市民法）、とりわけその財産法の基本原則、およびそれに基づく日本の民法の具体的な規定について説明する。

1．近代市民法の基本原則

（1）　権利能力の平等

　近代市民法は、すべての人間を法的に自由・平等・独立の人格として認める。つまり、すべての人間を法的人格として認める。これはつまり、すべての人間は完全な法主体性（権利義務の主体である資格、つまり権利能力）を認められるということである。古代の奴隷や中世の農奴などのように、法主体性を否定されたり制限されたりする者はいない。民法3条1項は、権利能力の平等というかたちで、この原則を定める（伊藤正己＝加藤一郎編『現代法学入門』〔第4版〕（有斐閣双書、2005年）141-142頁参照）。（法的人格は、すべての人間に認められる。つまり、法的人格を認められる人間とは、抽象的な人間一般として捉えられている。したがって、この抽象的な人間性に基づいて、厳密な意味での人間ではないもの、つまり人の集まりや財産の集まりにも法的人格が付与される。これを「法人」と呼ぶ。前者は「社団法人」、後者は「財団法人」である（＊1）。これに対して、法的人格を認められた厳密な意味での人間を「自然人」

と呼ぶ。)

（2）　所有権の絶対

　法的人格は、財産（物）の所有を認められ、自らが所有する（つまり所有
権をもつ）財産については、それを自らの自由な意思に基づいて（つまり、
国家や他人の意思を排して）使用・収益・処分することができる。これを所有
権絶対の原則という（憲法29条、民法206条参照）。

　自己の生命、身体、自由について、法的人格がそれらを所有すること、そ
れらへの権利をもつことは当然に認められている（ただし、法人については話
が別である）が、それらに対して「所有権」をもつとはいわない。所有権の
対象はあくまでも物である。

（3）　私的自治の原則（契約自由の原則）

　法的人格は、自分の私的な領域（生活空間）について、自分の自由な意思
に基づいて法的関係を形成することができる。これを私的自治の原則とい
う。ここでいう法的関係とは、私法上の権利・義務関係のことである。した
がって、私法上の権利・義務関係が発生するかどうかは、法的人格の自由な
意思にかかっているのである。

　私的自治の原則からして、契約も、相手方との合意があることを条件に、
自分の自由な意思によって結ぶことができる。契約は、自分と相手方との自
由な意思の合致のみによって——したがって国家や他人からの干渉を受ける
ことなく——成立する（契約自由の原則）。私たちが契約に従うのは、自分の
自由な意思によって結ばれたからである。つまり、自由な意思で結ばれた契
約のみが効力をもつ（自由な意思によって結ばれた契約でなければ従う必要がな
い）。他方において、自由な意思によって結ばれた契約は、守られねばなら
ない。なぜなら、自由（な意思決定）には責任が伴うからであり、またそも
そも自由に契約を破ってよいとすると、契約の自由という制度を認めた意味
がなくなるからである。

契約自由の原則の具体的内容は次の通りである。

① 契約締結の自由……契約を締結するかどうかの自由（民法521条1項）
② 相手方選択の自由……契約の相手方を自由に決定できること
③ 契約内容の自由……契約内容は当事者が自由に決定できること（民法521条2項）
④ 契約方式の自由……契約の締結にあたって、契約書を作るなどの方式は必要でなく、口頭の契約でよい（民法522条2項）。ただし、民法の典型契約（＊2）においては、消費貸借（民法587条）がその例外をなす。（消費貸借契約のように、契約の成立のために目的物の授受が必要な契約のことを要物契約と呼ぶ。これに対して、当事者の合意だけで成立する契約を諾成契約と呼ぶ。）なお、消費貸借については、書面でする消費貸借は、当事者の合意のみによって契約が成立する（民法587条の2）（書面の作成が要求されているのであるから、これもまた、契約方式の自由の例外となる）。

（4）過失責任主義

　故意または過失によって他人に損害を与えた場合にはその責任（損害賠償責任）を負わなければならない。ただし、他人に損害を与えて責任を負うのは、故意または過失がある場合に限られる。これを過失責任主義（過失責任の原則）という（民法709条）。

　この過失責任主義の根拠は次の通りである。市民社会においては、人は自由に（自由な自己決定によって）行動することができるが、それには責任が伴う。つまり、故意に他人に損害を与えてはならないし、また他人に損害を与えないように十分に注意して行動しなければならない。これに反して他人に損害を与えた場合には、その責任を負わなければならない。⇒したがって、十分な注意を払って行動したにもかかわらず損害が生じた場合には、それに対する責任を負う必要はない。これは、私的領域における人々の行動の自由を保障する原則でもある。なぜなら、十分に注意を払って行動したのに責任

を負うということになると、人は自由に行動することができないからである。十分な注意を払えば責任を問われることがないからこそ、人は自由に行動できるのである。

2．意思表示

　いま述べた私的自治の原則によれば、自己の自由な意思決定によって法的関係を形成することが認められる。つまり、自由な意思に、法的関係を形成する力が認められているのである。この意思を中心的な構成要素として法的関係を形成する行為のことを「法律行為」という。法律行為の種類についてはすぐ後で述べるが、とりあえず、代表的な法律行為である契約を例にとって説明しよう。

　すでに述べたように、契約とは、例えばある本を1000円で売りたいという自分の意思と、その本を1000円で買いたいという相手の意思とが合致することである。ただし、これらの意思は、それぞれ相手に対して表示されていなければならない。意思が表示されない限り、そもそも意思の合致が生じるはずがないのである。したがって、契約において問題になるのは、意思を表示することである。この意思を表示することを「意思表示」という。契約とは、正確にいうと、（「売る」「買う」というような）相対立する意思表示の合致である（民法522条1項参照）。また、法律行為の中心的な構成要素である「意思」とは、正確には意思表示のことである。

　法律行為には、契約、単独行為、合同行為の三種類がある。契約についてはいま述べた通りである。単独行為とは、遺言のように、一個の意思表示からなる法律行為のことをいう。また合同行為とは、一般社団法人設立行為のように、同一方向に向かう複数の意思表示の合致からなる法律行為である。

　ところで、意思表示とは内心の意思を外部に表示することであるが、①なされた意思表示の基になる内心の意思がそもそも存在しない場合がある。また、②ある内心の意思に基づいて意思表示がなされたものの、なされた意思

表示と内心の意思とが食い違う場合、つまり意思表示に対応する内心の意思を欠く場合がある。さらに、③なされた意思表示に対応する内心の意思はあるものの、この内心の意思の形成過程に問題がある場合がある。

　①の場合を、意思表示に対応する内心の意思が全くないという意味で、「意思の不存在」と呼ぶ。これに対し②と③の場合には、意思表示のなされる過程に不具合が生じているといえる。これを「意思表示の瑕疵」と呼ぶ（「瑕疵」とはキズの意味である）。このような意思表示は、完全に自由な意思の表示であるとはいえず、したがってその意思表示にそのまま法律効果を認めることはできない。

　ところで、これまでは単なる「意思」という言葉を使ってきたが、この「意思」は、法的関係を形成するものであるから、何らかの法的な効果を求めるもののはずである。これを「効果意思」と呼ぶ。したがって、意思表示が問題となるときに用いられる「意思」という言葉は、正確にいえば「効果意思」のことである。

３．意思の不存在

　これは、表意者（意思表示をした者）のなした意思表示に対応する内心の意思がそもそも存在しない場合である（上記①の場合）。私的自治の原則は、自由な意思に法的関係を形成する力を認める。この意思とは内心の意思のことである。したがって、そもそもその内心の意思が存在しないのであるから、原則としてその意思表示は無効である。意思表示は契約の構成要素であるから、その構成要素が無効になれば、契約そのものも無効になる。

　民法の規定においてこの意思の不存在に属するのは心裡留保、虚偽表示である。（この「意思の不存在」という言葉は、民法101条1項にでてくるので、確認しておいていただきたい。）

（1）心裡留保（民法93条）

　例えば、Aが冗談で、Bに対して「俺のもっているピカソの絵を100円でお前に売ってやろう」と言うような場合である。この場合、この意思表示に対応する内心の意思がそもそも存在しないのであるから、この意思表示は無効であるはずである。しかし、このような表意者（A）を保護する必要はないとの理由から、民法はこの場合の意思表示を有効としている。ただし、相手方（B）が、その意思表示が表意者の真意ではないことを知っていた、または知ることができた（つまり、過失によって知らなかった）ときには、原則に戻って無効となる（1項）。

　この意思表示の無効は、善意の第三者に対抗することができない（2項）。例えば、BがAの冗談を冗談だと知りながらそれに同意し、さらにその絵を、善意の（つまり、事情を知らない）Cに売却した場合、Aは心裡留保による意思表示の無効をCに対抗できないことになる（その結果、Cがこの絵の所有権を取得する）。この第三者保護の論理については、次の「（2）虚偽表示」を参照していただきたい。

（2）虚偽表示（民法94条）

　「通謀虚偽表示」ともいう。資産隠しがその代表例である。例えば次のような事例である。

事 例 1

　Aは、X銀行から1000万円の融資を受けていたが、返済のめどが立たなかった。そこでAは、唯一の資産である自分の所有する土地に対する強制執行を逃れるために、Bと共謀し、この土地をBに売却したように見せかけようと、偽の売買契約書を作成し、かつ登記名義をBに移した。

　この事例において、Aには土地を売る意思が全くない。したがって、こ

のAの意思表示は、意思表示に対応する内心の意思がそもそも存在しないのだから無効である。（この土地を買うというBの意思表示についても同様である。）したがって、契約を構成する要素である意思表示が無効であるのだから、当該契約も無効となる。

ところが、さらに次の事例を見てほしい。

事 例 2

事例1において、Bは、登記名義が自分にあることをいいことに、土地は自分のものだと偽って、事情を知らないCにこの土地を売却した。Aは、Bとの契約が無効であることを理由に、Cに対してこの土地を明け渡すように要求した。

民法の論理からすると、無効とは、当該契約の効力が初めからなかったことを意味するから、この土地は初めからAのもの（所有物）であり続けており、したがってこの土地の所有者でないBからCが土地の所有権を譲り受けることはできないはずである。したがって、Aの明け渡し要求は認められるだろう。

しかしながら、この要求を認めたのでは、せっかくこの土地を手に入れたと思っていたCに酷な結果となるばかりでなく、一般に取引の安全を損なうことになる。またそもそもAは、虚偽表示という本来行うべきではないことを行っているのであり、AとCとを比較した場合、Cを救済すべきだと思われる。そこで、民法94条2項は、虚偽表示による意思表示の無効は、善意の第三者に対抗することができないと定めている（「善意」とは事情を知らないということである。これに対して、事情を知っていることを「悪意」という）。つまり、この場合、Aは、自分の意思表示が無効であることを、当該契約を信頼して取引関係に入った善意のC（「第三者」）に対抗できない。つまり、CはAの意思表示、および当該契約を有効なものとして取り

扱ってよいのであり、結果として C が土地の所有権を得ることになる。このような結果になるのは、民法94条 2 項による。

４．意思表示の瑕疵

　民法の規定においてこの意思表示の瑕疵に属するのは、錯誤、詐欺または強迫による意思表示である（民法120条 2 項参照）。錯誤のなかの表示錯誤は上記②に該当する。錯誤のなかの動機の錯誤、および詐欺、強迫による意思表示は上記③に該当する。

　この場合、表意者は意思表示を取り消すことができる。取り消すと、いったんは有効であった意思表示が初めに遡って無効になる。したがって、このような意思表示を構成要素とする契約も、初めに遡って無効になる。

（１）錯誤による意思表示（民法95条）

　思い違い、勘違い、うっかりミス等による意思表示である。これは、表意者が、真実の意思と表示とが食い違っていることに気づかずに意思表示をすることである。（表意者自身がこの食い違いを認識しながら意思表示をする場合が心裡留保と虚偽表示である。）錯誤には二種類ある。

　まず、「意思表示に対応する意思を欠く錯誤」である（ 1 項 1 号）。これを表示錯誤という。これは、ある内心の意思に基づいて意思表示がなされたものの、なされた意思表示と内心の意思とが思い違い等によって食い違ってしまう場合である（上記②の場合）。例えば、A が、コンビニでシャケのおにぎりを買うつもりが、誤って（つまり「錯誤」によって）梅干しのおにぎりを手に取ってしまい、レジに差し出すような場合である。この意思表示においては、A のうっかりミスによって、内心の意思（「シャケのおにぎりを買いたい」）と意思表示（「梅干しのおにぎりを買いたい」）とが食い違っており、意思表示に対応する意思を欠いている。この場合の意思表示は、「その錯誤が法律行為の目的及び取引上の社会通念に照らして重要なものであるとき」に

は取り消すことができる（1項柱書）。

　次に、「表意者が法律行為の基礎とした事情についてのその認識が真実に反する錯誤」である（1項2号）。これを動機の錯誤という。例えば、ある安物の絵画をピカソの絵だと勘違いして、それを1億円で買うような場合である。この場合、「この絵を1億円で買いたい」という意思表示があり、それに対応する内心の意思もあるのだが、この内心の意思の形成過程に思い違いがある（上記③の場合）。この場合の意思表示は、「その錯誤が法律行為の目的及び取引上の社会通念に照らして重要なものであるとき」（1項柱書）、かつ「その〔つまり、「表意者が法律行為の基礎とした」〕事情が法律行為の基礎とされていることが表示されていたときに限り」（2項）、取り消すことができる。例えば、その絵の買主が、売主に対して、「これはピカソの絵ですよね」などと述べた場合である。

　第3項では、錯誤が表意者の重大な過失（重過失という）によるものであった場合には、第1項の規定による意思表示の取消しをすることができないと規定する。ただし、この場合でも、「相手方が表意者に錯誤があることを知り、又は重大な過失によって知らなかったとき」（3項1号）、あるいは「相手方が表意者と同一の錯誤に陥っていたとき」（3項2号）には、例外的に、表意者は取消しをすることができる。

　第4項は、第1項の規定による意思表示の取消しは、善意かつ無過失の第三者に対抗することができないと規定する。

（2）詐欺による意思表示（民法96条）

　だまされて形成された内心の意思に基づいてなされた意思表示のことである（上記③の場合）。例えば次のような場合である。

事 例 3

　Bは、Aが所有する土地のそばを通っている唯一の鉄道路線が近々廃線になり、Aの土地も大きく値下がりするだろうから今のうちに売っ

**た方がよいという話をAに持ちかけ、時価よりも安い値段で当該土地
の売買契約をAと締結した。ところが廃線の話はBの作り話であっ
た。Aはどうすればよいだろうか。**

　この場合、Bの詐欺によって形成されたAの内心の意思に基づいて意思
表示がなされているから、民法96条1項によって、Aはこの意思表示を取
り消すことができる。取り消すと初めに遡って無効になる。したがって、こ
の意思表示を構成要素とする当該売買契約も初めに遡って無効になり、な
かったことになるから、AはBから土地を取り戻すことができる。
　ただしこの取消しは、善意かつ無過失の第三者に対抗することができない
（民法96条3項）。例えば、Aが、Bの話が作り話だと知ったときには、すで
にBは当該土地をCに売却していたとしよう。CはAとBとの間の事情を
全く知らず、かつ取引において通常必要とされる注意を尽くしていたとす
る。この場合、Aによる意思表示の取消しは、Cに対抗することができな
い。その結果、Cが当該土地の所有権を得ることになる。（この「第三者」
は、取消しの意思表示の前に登場した者でなければならないことに注意せよ。）

（3）強迫による意思表示（民法96条）

　強迫されて形成された内心の意思に基づいてなされた意思表示のことであ
る（上記③の場合）。このような意思表示は取消し可能である。詐欺の場合の
ような第三者保護の規定はない。

（＊1）　民法33条1項は、「法人は、この法律その他の法律の規定によらなければ、成立しない。」と規定する。したがって、人の集まりや財産の集まりが法人として認められるためには、法律の規定に従って設立され、その組織が整えられなければならない。この民法33条1項のいう「その他の法律」の例として次のものが挙げられる。非営利法人（営利を目的としない法人）については、一般法人法（正式名称は「一般社団法人及び一般財団法人に関する法律」）によって、一般社団法人または一般財団法人として法人格を与えられる（一般法人法3条）。学術、技芸、慈善その他の公益目的事業を行う一般社団法人または一般財団法人は、公益法人認定法（正式名称は「公益社団法人及び公益財団法人の認定等に関する法律」）に基づいて行政庁の公益認定を受けることによって、公益社団法人、公益財団法人となる（公益法人認定法2条・4条）。会社、つまり営利を目的とした社団については、会社法によって法人格が与えられる（会社法3条）。なお、営利法人（営利を目的とした法人）になれるのは、社団のみである。

（＊2）　民法（549条以下）に定められた、贈与、売買などの13種類の契約のことを典型契約（または有名契約）という。契約自由の原則により、典型契約に該当しない契約も自由に締結することができる。これを非典型契約（または無名契約）という。また、複数の典型契約の要素が混合した契約を混合契約という。

第 **8** 章
物権と債権

本章では、民法（財産法）の基本概念である物権と債権について説明する。

1．民法（財産法）の基本的な構造

ジョン・ロックの自然権（プロパティ）、自然状態、および国家と法の考え方についてはすでに述べたが、これは、民法（財産法）の基本的な構造を理解するにあたっても有用である。そこで、ロックの理論に則りながら、この構造について説明したい。

ロックによれば、すべての個人は、人間、人格として、自分の生命・身体・自由・財産（プロパティ）をもつこと、つまりそれらに対する完全な支配権を認められる。これらに対する侵害は許されない。この侵害は、民法によって、不法行為を構成するものとされ、侵害された者に損害賠償請求権が発生する。そのなかでも、財産に対する権利は、物を全面的・排他的に支配する権利、つまり所有権として民法による保護が与えられる。他人の財産＝所有物を手に入れるためには、自分の財産＝所有物をこの他人に提供し、それと交換するという合意によることが必要になる。この合意を，民法は契約と呼び、そこから生じる関係を債権と債務という観念で把握する。（ジョン・ロックに基づき民法の想定する基本的な関係を説明するものとして、内田貴『民法Ⅰ　総則・物権総論』〔第 4 版〕（東京大学出版会、2008年）16-21頁を参照。）

２．物権と債権

　例えば、A と B との間で、A が所有する絵画甲を B が10万円で買うという売買契約が成立したとしよう。そうすると、この契約の効果として、A と B とは、互いに相手に対して、一定の行為（これを給付という）を請求する権利をもち合うことになる。この権利のことを「債権」という。この債権に対応して、相手方には一定の行為をなすべき義務が生じる。この義務のことを「債務」という。この例では、B は A に対して、絵画甲を自分に引き渡せと請求する債権をもち、それに対応して A は、絵画甲を B に引き渡す債務を負う。また、A は B に対して、絵画甲の代金10万円を自分に支払えと請求する債権をもち、これに対応して B は、代金10万円を A に支払う債務を負う。

　また、すでに述べたように、A が B を故意または過失によって傷つけ、損害を発生させた場合、その不法行為によって B に発生する、A に対する損害賠償請求権は債権であり、それに対応して A は、B に対して損害賠償する債務を負う。

　このように債権が特定の人に対して特定の行為を請求する権利であるのに対して、物権とは、物に対する直接的な支配権である。X が土地甲に対して所有権をもつ場合、誰かがこの土地に無断で建物を建てて X の所有権の行使を妨害するならば、それが誰であれ、X はその者に対して妨害をやめるように、つまり建物を撤去してこの土地から出て行けと請求することができる。

　所有権は物権の典型であるが、日本の民法で認められている物権を分類すると次のようになる。①所有権、②地上権、永小作権、地役権、入会権、③留置権、先取特権、質権、抵当権。所有権という、物に対する完全な支配権との対比で、②と③の物権を制限物権という。この制限物権のうち、②の物権を用益物権、③の物権を担保物権という。用益物権とは物の使用のために物を支配する権利、担保物権とは、債権の支払いを確保するために物を支配

する権利である。なお、占有権も物権として認められているが、これは物の事実的な支配状態に一定の保護を与えるということであり、他の物権とは性質が異なる。制限物権は、他人の所有権の上に成立する。例えば、Bが、Aの所有する土地甲について、Aとの間で地上権設定契約を結ぶと、土地甲の上にBの地上権が設定される。あるいはNが、Mの所有する土地乙について、Mとの間で抵当権設定契約を結ぶと、土地乙の上にNの抵当権が設定される（＊1）。（これに対して、留置権と先取特権は、ある種の債権について、法律上当然に成立する。）

　いま述べたように、債権とは、特定の人に対して特定の行為を請求する権利である。例えばAが、2021年1月15日午後8時から2時間、東京でコンサートを行う契約をBと結んだとしよう。またこの同じAが、2021年1月15日午後8時から2時間、福岡でコンサートを行う契約をCと結んだとしよう。BはAに対して、2021年1月15日午後8時から2時間、東京でコンサートを行うように請求する債権をもち、Aはそれを履行する債務を負っている。またCは、Aに対して、2021年1月15日午後8時から2時間、福岡でコンサートを行うように請求する債権をもち、Aはそれを履行する債務を負っている。この二つの債務をAが両方とも履行することは不可能である。けれども、債権としては、両方ともに有効に成立しているのである。もっとも、もしAが東京でその時刻にコンサートを行ったならば、Bに対する債務は履行されたが、Cに対する債務が不履行になることになる。この債務不履行に対して、Aは損害賠償の責任を負わなければならない。

　これに対して、物権については事情が異なる。一つの物について、矛盾する二つ（またはそれ以上）の物権が成立することはありえない。したがって、一つの物には一つの所有権しか成立しない（一つの物の全面的支配権が二つ（以上）存在することはありえないからである）。ある土地（甲としよう）の所有権がXとYの二人に属することはありえない（ただし、共有である場合には話は別である。共有の場合には、一つの所有権（全面的支配権）を二人（以上）の者が分け持っている）。土地甲に対する所有権は一つしか成立しない。

したがって、土地甲の所有権を X と Y の両者が主張する場合には、どちらが所有者であるかを決定しなければならない。

3．動産と不動産、登記

　所有権の対象である物は動産と不動産とに区別される。不動産とは、「土地及びその定着物」のことである（民法86条 1 項）。したがって、建物も不動産である。土地と建物とは別個の不動産である。不動産以外の物は、すべて動産である（民法86条 2 項）。

　例えば A の所有する土地を B が借りて、その上に建物を建てて住んでいるような場合、誰がその土地の所有者であるかは見ただけではわからない。あるいは、M が、自らの所有する土地に N の抵当権を設定している場合、抵当権が設定されているということは見ても全くわからない。そこで、土地や建物が誰の所有か、抵当権は設定されているかなど、不動産に関する権利関係を示す（公示する）公的な帳簿が必要になる。これを登記簿という（不動産登記法 2 条 9 号）。例えば X が土地甲の所有権を得た場合、それを登記簿に記載する、つまり登記することになる。

　同じことは動産についてもいえる。ある動産の所有権をもつ者は、それを現に所持している者と一致する場合が多いだろうが、必ずしもそうとは限らない。例えば P の所有物であるパソコンを Q が借りてそれを所持していることもある。けれども、動産は無数に存在し、しかも持ち主を転々と変えるので、その権利関係を登記簿のような帳簿をつくって示すことは実際には不可能である。したがって、動産については登記簿のような帳簿はない。それでは、Q が、借りているパソコンを自分の物と偽って R に売った場合はどうなるだろうか。これを知った P が、すでにこのパソコンを所持している R にパソコンの返還を求めた場合、R はそれに応じてパソコンを P に返還しなければならないのだろうか。そもそも Q にはこのパソコンの所有権がないのだから R に所有権を譲渡することはできず、したがって R もこの

パソコンの所有権を取得できないはずである。したがって、Rは、所有者であるPにパソコンを返還しなければならないように思われる。けれども、このようなことを認めると、取引の安全を大きく損なうことになるだろう。そこで民法は192条で、動産に関する即時取得という制度を設けている。民法192条は、「取引行為によって、平穏に、かつ、公然と動産の占有を始めた者は、善意であり、かつ、過失がないときは、即時にその動産について行使する権利を取得する。」と規定する。今の事例でいうと、Rが、Qとの売買契約によって平穏にかつ公然とこのパソコンの所持（占有）を始め（＊2）、かつ、売買契約締結の際にQがそのパソコンの所有者であると信じ、かつそう信じたことについて過失がなかった場合には、Rがそのパソコンの所有権を取得する（その結果、Pはそのパソコンの所有権を失う）ことになる。

　不動産に関する物権の「得喪及び変更」は、登記しないと、「第三者」に対抗することができない（民法177条）、つまり、権利者は自分であると第三者に主張することができない。これを対抗要件という。登記は、不動産に関する物権の「得喪及び変更」の対抗要件である。（これに対して、動産に関する物権の譲渡における対抗要件は、「引渡し」である（民法178条）。）この場合、不動産に関する物権の「得喪及び変更」の原因には、贈与や売買などの意思表示によるものだけではなく、例えば取得時効や相続のようなそれ以外の原因によるものも含まれると解釈されている。

　不動産の取引においては、登記が重要な意味をもつ。例えばYが、売買によってXから土地甲の所有権を得たとする。所有権は当事者の意思表示のみによって移転するから（民法176条）、XとYとの間では、当該所有権を移転するという意思表示のみによって所有権はYに移転する。けれども、Yは登記しないと、取得した所有権を第三者に対抗することができない。当該取引の当事者でない第三者から見れば、登記がない限り、Yの所有権取得を否定することができる。いわゆる二重譲渡においてこのことが問題になる。

　例えば、ZがYの土地に不法に侵入し、Yの土地の利用を妨げている場

合、Yは、登記がなくても、自らの所有権に基づいて、Zによる妨害の排除を求めることができる。Zは、登記がなければ対抗できない「第三者」には当たらないのである。この「第三者」とは、登記の欠缺を主張するについて正当の利益を有する者に限定される（大審院明治41年12月15日民事連合部判決）。このような「第三者」とは、「食うか食われるか」の関係にある者であるといわれている。例えば、次に述べる不動産の二重譲渡の関係にある者である。

4．不動産の二重譲渡

　不動産の二重譲渡について説明しよう。いま、Mが、土地甲の所有者Pからこの土地を1億円で買う売買契約をPと結んだとする。所有権は意思表示のみによって移転する（民法176条）。PとMとの間で、土地甲の所有権移転の意思表示がなされ、Mはその所有権を取得したが、まだ移転登記を済ませていなかったとする。ところが、その1か月後、今度はNが、Pから同じ土地甲を1億2千万円で買う売買契約をPと結び、所有権移転の意思表示がなされたとする。これを二重譲渡という。けれども、そもそもなぜこの2番目の売買による所有権移転が可能なのだろうか。所有権はすでにMに移転しており、Pはもはや所有者ではない。したがって、Nに土地甲を売りたくても、つまり土地甲の所有権を移転したくても、できないのではないだろうか。

　なぜこの2番目の所有権移転が可能なのかというと、Mがまだ登記を済ませていないために、Mは自らの所有権取得を「第三者」に対抗できないからである。したがって、「第三者」であるNは、Mが土地甲の所有者であることを否定できるのである。この限りにおいて、「第三者」Nには、土地甲の所有権を獲得する可能性があるのである。いま、PとNとの間で土地甲の所有権移転の意思表示がなされたが、Nもまだ移転登記を済ませていないとする。そうすると、この2番目の売買との関係で、Mは「第三者」

になり、Nが土地甲の所有者であることを否定できる。したがって、どちらかが移転登記を行うまで、確定的な所有者は決まらないことになる。先に登記を行った方が、土地甲の確定的な所有者になる。

　さて、この例において、Mが自らの登記のない所有権取得をNに対抗できるとすると、Nは自らの所有権を否定されることになる。つまり、MとNは「食うか食われるか」の関係にある。したがって、PとMとの間の所有権移転との関係で、Nは登記がなければ対抗できない「第三者」であるといえる。また、PとNとの間の所有権移転との関係では、Mは登記がなければ対抗できない「第三者」に当たる。

　Nは、すでにPがMに対して土地甲を譲渡していることを知っていても、つまり「悪意」であっても「第三者」に該当するが、いわゆる「背信的悪意者」であった場合には、登記がなければ対抗できない「第三者」には当たらない、つまり登記がなくても対抗できるとする考え方が判例上確立されている。どういうことかというと、Nが、Mの所有権取得について登記の欠缺を主張することが信義誠実の原則（略して信義則）（民法1条2項参照）に反するような悪意者である場合には、Nは「背信的悪意者」であり、登記の欠缺を主張するについて正当な利益を有しないものであって、民法177条にいう、登記がなければ対抗できない「第三者」には当たらない。例えば、YがXから土地乙を買い受けて長年この土地を占有していたところ、この事実を知っているZが、Yに所有権取得の登記がないことに乗じて、Yに高く売りつけて利益を得る目的でこの土地をXから買い受け、先に所有権移転登記を行って、この土地を買い取るようにYに要求した場合、Zは「背信的悪意者」であり、Yは登記がなくても土地乙の所有権をZに対抗しうる（参照、最判昭和43年8月2日）。

5．抵当権について

　通常、銀行がお金を貸す場合には、確実に返済を受けるために、借り手か

ら担保をとる。第7章3.（2）の【事例1】においては、通常、X銀行
は、Aに1000万円の融資をするに当たって、Aの土地に抵当権の設定を受
けるだろう。これは、1000万円の貸金債権の支払いを確保するためにこの土
地の価値をX銀行が把握することであり、抵当権を設定しても、Aはこの
土地を使用し続けることができる。もしAが借りたお金を返済できず、債
務不履行に陥ったならば、X銀行は抵当権を実行することができる。この
場合、X銀行の裁判所への申立てにより、手続が開始する。裁判所の主導
で、この土地が差し押さえられ、競売にかけられる。この競売によって得ら
れたお金から、X銀行は貸金債権の充当を行う。

　Aの所有する土地にX銀行が抵当権の設定を受ける場合、この抵当権の
設定もまた、AとX銀行との間の意思表示（抵当権設定契約）によって行わ
れる。ところが、この抵当権の設定が登記されない間にAがこの土地をB
に売って所有権移転登記が行われた場合、X銀行はこの抵当権をBに対抗
することができない。したがってBは、X銀行の抵当権を否定することが
でき、結果として、抵当権のない完全な所有権を取得することになる。

　BとX銀行とは、「食うか食われるか」の関係にあることに注意してほし
い。X銀行の登記のない抵当権をBに対抗することができるとすると、B
は、抵当権付きの所有権を取得するという思わぬ負担を負うことになり、ま
た逆に、Bの完全な所有権を認めると、X銀行の抵当権は否定されることに
なるからである。

（＊1）　このような物権設定契約は物権の設定に関するものであるから、債権・債務を発生させるような契約とは性質が異なる。もっとも、物権設定契約にも契約自由の原則が適用され、原則として当事者の合意のみによって成立する。ただし、質権設定契約は要物契約である（民法344条）。

（＊2）　厳密にいえば、所持と占有とは異なる。占有とは、「自己のためにする意思をもって物を所持する」ことである（民法180条）。

第 9 章

近代市民法の原則の修正

　本章では、夜警国家を前提にした近代市民法（民法）の基本原則が、福祉国家の下でどのように修正されたのかについて見てみることにする。

1．近代市民法原則の修正と社会権

　近代国家が夜警国家から福祉国家へと転換するのに伴い、その法的な役割も変化する。夜警国家の考え方の下では、国家は、市民社会（市場社会）に介入することなく、その外部からその秩序を守ることを任務とするから、市民社会のルールを（民法や刑法というかたちで）公平に執行するだけであり、市民社会のなかで行われる取引（契約）は私的自治に委ねられ、国家がそれに介入することはなかった。ところが、福祉国家の考え方の下で国家が社会的・経済的弱者の生存の保障のために市民社会に積極的に介入するようになると、近代市民法の基本原則は、生存権（社会権）という理念に従ってその内容を修正されることになった。

2．修正の内容

（1）法的人格に関する考え方の修正
　　　　──形式的な自由・平等から実質的な自由・平等へ
　近代市民法は、法的に、すべての人間を形式的に自由・平等・独立の人格

として認める。

　ところが、法的人格を与えられる「人」の具体的なあり方は異なる。資本主義の発展に伴って、（a）資本家と労働者という階級が生じ、また（b）巨大な経済的・社会的な権力をもった私的団体（法人）（これを「社会的権力」という）が生まれた。ところが、資本家（企業）と労働者との関係、大企業と一消費者との関係は、自由・平等・対等な法的人格どうしの関係である。この形式的な自由・平等の下で、弱い立場にある労働者や消費者は、契約自由の名の下で一方的に不利な条件を押しつけられることになった。

　そこで国家が、法的人格をもった「人」の具体的なあり方に応じて労働者や消費者などの社会的・経済的弱者を法的に支援し、資本家（企業）や社会的権力と弱者との力の格差を是正し、実質的な自由と平等を実現すべきであると考えられるようになった。

（２）所有権絶対の原則の修正

　各人に、人間に値する生存を保障するという生存権・社会権の理念に従って、個人や法人の所有権（財産権）は一定の社会的統制に服することになる。

（例）

・借地・借家関係において、借地人や借家人の生存権保障のために所有権の機能を制限する。例えば、借地借家法10条1項によれば、借地権の登記がなくても、その土地の上に借地人（借地権者）が登記された建物を所有するときは、借地権は対抗力を取得する（＊1）。さらに、民法605条の2第1項を参照せよ。

・憲法29条2項。憲法29条2項は「財産権の内容は、公共の福祉に適合するやうに、法律でこれを定める。」と規定する。この「財産権」の典型が所有権である。ここでいう「公共の福祉」とは、とりわけ、社会的・経済的弱者の人間に値する生存の保障、つまり社会権の保障を意味する（これを、「社会国家的公共の福祉」と呼ぶ（＊2））。したがってこの規定は、社会的・経済的

弱者の人間に値する生存を保障するために法律で所有権（その他の財産権）を制約することができると定めているのである(＊3)。

（3）契約自由の原則の修正

　力に格差のある当事者が自由に契約を結ぶと、「契約の自由」の名の下で、弱い当事者に一方的に不利な内容の契約が押しつけられることになりかねない。そこで、国家がこのような契約の内容を適切なものにするために介入することになる。

（例）

・労働基本権（労働者の団結権・団体交渉権・団体行動権（争議権））の保障（憲法28条）。この場合、個人の契約の自由は、労働者がその生存を守るために団結してつくった団体（労働組合）による、使用者との間での集団的取引によって規制される。労働組合と使用者又はその団体との間の労働条件その他に関する書面による協定のことを労働協約と呼ぶが（労働組合法14条）、労働協約に定められた労働条件その他の労働者の待遇に関する基準に違反する労働契約の部分は無効となり、無効となった部分については、労働協約の基準の定めるところによることになる（労働組合法16条）。

・憲法27条2項は、最低労働条件の法定を要求し、これを受けて制定された労働基準法は、「この法律で定める基準に達しない労働条件を定める労働契約は、その部分については無効とする。この場合において、無効となつた部分は、この法律で定める基準による。」（第13条）と定める。

・借地借家法による、借地人、借家人保護のための契約自由の原則の修正（例えば、借地借家法3条〜9条、26条〜30条）。借地借家法3条について説明すると、建物の所有を目的とする地上権または土地の賃借権のことを「借地権」と呼ぶが、地主（借地権設定者）と借地人（借地権者）との間の借地契約において、借地権の存続期間は30年とされる。ただし、契約でこれより長い期間を定めたときは、その期間とする。

・消費者契約法などによる、消費者保護のための契約自由の原則の修正。消費者契約（消費者と事業者との間で締結される契約）において、消費者と事業者との間には情報の質や量、あるいは交渉力に大きな格差があるため、消費者の保護の必要から、契約自由の原則が修正されている。主なものを挙げる。

①消費者契約の締結の勧誘に際し、事業者が消費者に対して、ⅰ重要事項について事実と異なることを告げる、ⅱ将来の変動が不確実な事項について断定的な判断を提供する（例えば、元本割れする可能性のある投資商品について、「絶対に損することはありません」と説明する）、ⅲ重要事項やそれに関連する事項について、消費者の利益となる旨を告げ、かつ消費者の不利益となる事実を故意又は重大な過失によって告げなかった、といった行為を行い、それによって消費者が誤認して契約の申込み又は承諾の意思表示をした場合には、これを取り消すことができる。（消費者契約法4条1項・2項）

②消費者契約の締結の勧誘に際し、消費者が、事業者に対して、自分の住居、または業務を行っている場所から退去せよという意思を示しているのに退去しない、あるいは事業者が勧誘している場所から消費者が退去するという意思を示しているのに事業者が退去させない、等々の行為によって消費者が困惑し、それによって消費者が契約の申込み又は承諾の意思表示をした場合には、これを取り消すことができる。（消費者契約法4条3項）

③事業者の債務不履行や、債務の履行に際してなされた不法行為によって消費者に生じた損害を賠償する責任の全部または一部を免除する条項など、消費者の利益を不当に害することとなる条項を無効とする。（消費者契約法8条～10条）

　この①から③については、事業者がその有利な情報力や交渉力に乗じて消費者に契約を結ばせる場合である。①と②については、事業者が詐欺や強迫を行っているとか、消費者が錯誤に陥っているとまではいえないが、消費者を誤認や困惑に陥れて、それによって消費者が契約を締結した場合である。③については、事業者が自らの一方的に有利な条項を契約のなかに入れ込む

場合である。

④契約自由の原則によると、契約に必要な情報は、契約当事者が自分で収集するのが原則である。ところが、消費者契約法3条1項によって、事業者には、消費者に対する情報提供義務が課せられている。この情報提供義務は努力義務ではあるが、例えば事業者に著しい情報の不提供や著しい説明義務違反があった場合には、この情報提供努力義務に違反したとして、消費者が事業者の債務不履行責任や不法行為責任を追及できる場合があるだろう。

・利息制限法による利息の制限（利息制限法1条を参照せよ）。例えば、AがBとの間で、1000万円を年20％の利率で借りる契約（金銭消費貸借契約。民法587条、587条の2第1項、589条参照）を結んだとする。この場合、1年の利息は200万円となる。ところが、利息制限法1条柱書および3号によれば、「金銭を目的とする消費貸借における利息の契約」において、「元本の額が百万円以上の場合」、利息が、利率「年一割五分」で計算した金額を超えるときには、その超過部分について無効となる。今の例の場合、1000万×0.15＝150万であるから、150万円までの利息は有効であるが、それを超えた部分、つまり50万円については無効となる。したがってAは、年150万円の利息を支払えばよいのである（⇒第12章2.も参照せよ）。

・附合契約（付合契約）に対する規制。契約の自由は、契約締結の自由、相手方選択の自由、契約内容の自由、契約方式の自由を含むものであるが、例えば消費者が企業と約款（企業のような一方当事者があらかじめ作成した契約条項）による契約を結ぶ場合、消費者に契約内容を決める自由はない（これに加えて、電気やガスなどの契約では、相手方を選ぶ自由もほとんどないし、契約締結の自由も現実にはない）。このように、契約当事者の一方が（約款のかたちで）契約条件を一方的に提示し、相手方にはそれを承認するか否かの自由しかない契約のことを附合契約（または附従契約〔付従契約〕）という。約款による契約については、それを結んだ消費者等の不利益にならないように、約款の認可制などの公法的規制が加えられており、民法においても548条の2から548条の4において規律されている。

（4）過失責任主義の修正──無過失責任主義の採用など

　産業や企業活動の大規模化や科学技術の進歩により、企業が注意を尽くして企業活動を行っていても他人に損害を与えてしまうとか、有用だが危険性があり、かつ事故が起これば取り返しのつかない大損害を発生させる施設が設置される（例えば原子力発電所）といったケースが増えてきた。このようなケースにおいて、損害が発生した場合、賠償責任を負わせる要件として過失の有無を問題にすることは適切でないと考えられる。また、過失責任主義の下では、過失により損害を被ったとする被害者の方が加害者の過失を証明しなければならないが、科学技術の進歩などによって、その証明は難しくなっている（すでに述べたように、裁判において、過失があったこと（過失に該当する事実）を被害者側が証明できなければ、過失はなかったことになる）。このような場合にも、過失がなければ賠償責任を負わなくてよいとすると、不公平な結果になるだろう。このような理由から、過失責任主義は、権利を侵害された者の生存権の保障という理念の下で、修正を迫られる。

①　無過失責任主義の採用……過失がなくても責任を取らせるという考え方を無過失責任（主義）という。これには、次の二つの根拠がある。（a）報償責任（利益を追求する活動のなかで他人に損害を与えたときは、過失がなくても、その活動の結果として生じた損害について責任を負うべきである。利益追求活動の過程で発生する損害について、他人が犠牲になる理由はないからである）。（b）危険責任（危険物を管理する者は、その危険が現実化して損害が発生したならば、たとえ損害が発生しないように注意していたとしても、その損害について責任を負うべきである）。

　無過失責任主義を採用した最近の重要な法律に、製造物責任法（PL法。PLとはProduct Liabilityの略である）がある。この法律は、A. 当該製造物に欠陥があること、B. 損害が生じたこと（この損害とは、製造物の欠陥により、人の生命、身体又は財産に生じた損害（拡大損害）のことをいい、当該製造物に損害が生じただけの場合には、製造物責任法による責任は生じない。この場合に

は、民法の一般規定（契約不適合責任。民法562条・564条）によることになる）、C.欠陥と損害発生との間の因果関係、を被害者の側で証明すれば、製造業者の方で、当該製造物を引き渡した時における科学的・技術的知見によっては欠陥があることを認識できなかったこと（開発危険の抗弁）等を証明しない限り無過失責任を負うとして、被害者の救済を図っている。

②　証明責任の転換……証明責任を加害者側に転換することによって、被害者の救済を図る場合もある（この場合には加害者側が、自分には過失がなかったこと等を証明しなければならない）。（例）自動車損害賠償保障法３条。民法715条（使用者責任）。（この民法715条については、実質的には無過失責任の規定として解釈されているが、条文のうえでは証明責任の転換とも理解できるので、ここに挙げておく(＊4)。）

（＊1）【建物の所有を目的とする土地の賃借権の対抗力】借地借家法10条1項について
少し述べておきたい。次の事例を見ていただきたい。

事 例

X（借主）は、建物の所有を目的として、Y（貸主）との間で、Yの土
地の賃貸借契約を結んだ。不動産の賃借権は登記によって第三者に対す
る対抗力を獲得するが（民法605条参照）、Xはこの登記を行っていな
かった。その後、Yは当該土地をZに譲渡した。ZはXに対して、所
有権に基づいて、当該土地の明け渡しを要求した。

　　　　Xの賃借権（登記されていない）は債権であるから、特定の債務者、すなわちY
に対してしか主張できない。したがって、新たに当該土地の所有者になったZに対し
て賃借権を主張することはできない。よって、XはZの明け渡し要求に応じなければ
ならない。（Xは、Yに対して債務不履行責任を追及しうるだけである。）

　　　　Xは賃借権の登記を行っておけばよかったのだが、この登記をするためには賃貸人
の協力が必要である。通常、賃貸人は、賃借人の地位を強化するようなことはしない
ため、不動産賃借権の登記が行われることは稀である。

　　　　土地の貸主＝所有者と借主との社会的立場を考えてみると、借主は、土地を追い出
されると住むところにも苦労するような社会的・経済的弱者であることが多い。実
際、土地の貸主は、土地の譲渡をちらつかせて賃料の増額を図ることもあった。

　　　　そこで、弱者である借主を保護するために「建物保護ニ関スル法律」が制定され
（明治42年5月1日公布、平成3年10月4日に公布された借地借家法の施行により廃
止）、建物所有を目的とした土地の賃借権（又は地上権）は、その土地の上に登記し
た建物があれば、土地の賃借権の登記がなくてもその賃借権を第三者に対抗すること
ができることになった。事例に即していえば、Xは、自分の所有する建物の登記をす
れば（これはX単独でできる）、賃借権についても対抗力が発生し、Zに対しても賃
借権を主張できることになる。このようにして、社会的・経済的弱者の生存を守るた
めに、所有権の機能が制限されたのである。

　　　　現在この規定は借地借家法10条1項に引き継がれている。

（＊2）【公共の福祉とは何か】ここで、「公共の福祉」について説明しておこう。「公共
の福祉」とは、憲法における人権制約の原理だと考えられている。このような考え方

の根拠となっているのは憲法13条（「すべて国民は、個人として尊重される。生命、自由及び幸福追求に対する国民の権利については、公共の福祉に反しない限り、立法その他の国政の上で、最大の尊重を必要とする。」）である。憲法13条にいう「生命、自由及び幸福追求に対する国民の権利」のことを幸福追求権と呼ぶが、これはジョン・ロックの「プロパティ」に由来する表現であり、人権の本質を規定しているものと理解されている。（ロックの思想は、アメリカ建国の父たち、とりわけトマス・ジェファソンに大きな影響を与えた。ロックの「プロパティ」、つまり自分の生命・自由・財産（に対する生まれながらの権利）という考え方は、「生命・自由・幸福追求」と言い換えられてアメリカ独立宣言のなかに規定され、日本国憲法13条の幸福追求権がそれを受け継いでいる。）この幸福追求権が「公共の福祉」によって制約されうることを憲法13条は規定している。したがって、「公共の福祉」は人権の制約原理であり、この制約は、個別の人権規定に「公共の福祉」による制約が規定されていると否とを問わず、すべての人権に当てはまる制約であると理解されている。（ロックの「プロパティ」とアメリカ独立宣言における「生命・自由・幸福追求」との関係については、種谷春洋『アメリカ人権宣言史論』（有斐閣、1971年）256-260頁を参照。）

　それでは、この「公共の福祉」による人権制約とはいかなることか。この問題については、現在、次のような「一元的内在制約説」を基本にして理解されている。日本国憲法は人権を最高の価値とする。人権を超える価値は存在しない。したがって、その最高の価値である人権を制約しうるのは、同じく最高の価値である人権、つまり（多数または少数の）他人の人権でしかありえない。これは、次のように言い換えることもできる。すなわち、人権とは社会のなかで行使されるものであるから、社会において人と人とが共存するという観点から必然的に制約を受ける。

　つまり、「公共の福祉」とは、人権相互の矛盾・衝突の調整をはかる実質的公平の原理である。ただし、どの程度の制約が憲法上許されるかは、個々の人権の性質によって異なる。「公共の福祉」が、自由権を各人に公平に保障するための制約を根拠づける場合には、その制約は必要最小限度のものでなければならない（例えば、ある人の表現行為によって他の人のプライバシー権が侵害されるような場合、その表現行為は制約せざるをえないが、その制約は必要最小限度のものでなければならない）。これを「自由国家的公共の福祉」という。これに対して、生存権を保障するためには、財産権に制約を加えざるをえない（労働者の生存を保障するための適正な労働条件の法定が要求されるならば、経営者の契約の自由や営業の自由、さらには経営者の自由な財産権の行使が制約されることになる）。このように、社会権を保障するために自由権（とりわけ、財産権や営業の自由）を制約するための根拠づけとして「公共

の福祉」が用いられる場合、これを「社会国家的公共の福祉」という。この場合には、必要な限度の制約が許される。（このような「公共の福祉」の考え方を提唱したのは宮沢俊義である。宮沢俊義『憲法Ⅱ』〔新版〕（有斐閣、1971年）参照。さらに、芦部信喜（高橋和之補訂）『憲法』〔第七版〕（岩波書店、2019年）101-103頁を参照。）

　このような解釈を支える憲法上の根拠は次の通りである。憲法の個別の人権規定で「公共の福祉」による制約が定められているのは憲法22条1項の「居住、移転及び職業選択の自由」、および憲法29条の「財産権」のみである（営業の自由は、自由に選択した職業を続ける自由として「職業選択の自由」に含まれる）。これらの人権は「経済的自由権」と呼ばれるものである。ここから、経済的自由権は他の自由権（とりわけ精神的自由権）と比べて特別の制約に服するものと考えられ、それが「社会国家的公共の福祉」による制約であると理解されたのである。つまり、生存権を典型とする社会権を保障するためには経済的自由権を制約せざるをえないことから、このような制約（社会国家的公共の福祉）は、自由権どうしの衝突を公平に調整するような制約（自由国家的公共の福祉）とは異なるものとされ、かつその制約が許される度合いも、前者の場合の方が大きいと理解されたのである。

　この公共の福祉による人権制約については、次の点に注意する必要がある。

　まず、人権相互の矛盾・衝突については「一定の幅をもって理解する必要がある。すなわち、ある基本的人権の規制に導く対抗利益が厳密には基本的人権といえない場合も含めて観念する必要がある。そして、規制の正当化事由に関し、規制の目的および手段の両面にわたって厳密に検討することが求められる」（佐藤幸治『日本国憲法論』〔第2版〕（成文堂、2020年）153頁）。例えば、空港建設による多数者の利益によって、その建設予定地に住んでいる住民の土地が強制的に収用されるような場合である。

　次に、このような人権の制約によって守られる多数者の利益、あるいは社会の利益は、結局のところ「一人ひとりの利益（＝福利）に還元されるものの集積」でなければならないだろう（渋谷秀樹『憲法への招待・新版』（岩波新書、2014年）37頁参照）。「一人ひとりの利益」とは切り離された社会そのものの利益とか国家そのものの利益といったものによる人権の制約は許されない。

（＊3）　もっとも、民法上の所有権は憲法29条1項（「財産権は、これを侵してはならない。」）で憲法上の権利としても保障されているのだから、憲法29条2項においていくら公共の福祉（社会国家的公共の福祉）によって制約されると規定されていても、その制約には限度があり、無制限に制約してよいというものではない。（＊2）で述べたように、社会国家的公共の福祉の観点からすれば、「必要な限度」の制約が許されると考えられるが、その必要な限度の制約とはどの程度の制約のことをいうのだろう

か。憲法上の大きな問題である。

　さらにいえば、この章で問題にしている民法上の基本的な権利（権利能力において平等に扱われる権利、所有権、自由に契約をしたり法的な関係を形成しうる権利、故意または過失によって他人に損害を与えたのでない限り、損害賠償責任を負わなくてよい権利）は、自由で民主的な私たちの社会の基本的な財産秩序を構成するから、これらの権利は憲法によって保障される権利であるということができる。したがって本章の論点は、これらの権利を「公共の福祉」（社会国家的公共の福祉）によってどのように修正することができるか、ということである。

（＊４）【使用者責任について】民法715条１項は、「ある事業のために他人を使用する者は、被用者がその事業の執行について第三者に加えた損害を賠償する責任を負う。ただし、使用者が被用者の選任及びその事業の監督について相当の注意をしたとき、又は相当の注意をしても損害が生ずべきであったときは、この限りでない。」と規定する。故意又は過失の存在は、使用者が、その被用者が第三者に加えた損害を賠償するための要件にはなっていない。もっとも、使用者が被用者の選任及びその事業の監督について相当の注意をしたとき、つまり被用者の選任及びその事業の監督について過失がなかったとき（または、使用者が被用者の選任及びその事業の監督について相当の注意をしても損害が生ずべきであったとき）には使用者は免責されるが、この証明責任は使用者側にある。したがって、この規定は、過失がなかったという証明責任を使用者側に負わせ、この証明ができなかったときには賠償責任を負わせるという証明責任の転換の規定であると読める。けれども、現在では、この使用者責任の規定は、使用者に無過失責任を負わせた規定であると理解されている。そうなると、ただし書の使用者の免責事由は認めるべきでないということになる。（なお、使用者に賠償責任が生じるためには、損害を与えた被用者の行為が不法行為成立の要件を充たしている必要がある。）

　使用者責任を無過失責任と理解した場合、それは報償責任の原理によって根拠づけることができるし（使用者は自分の事業のために被用者を用いて利益をあげているのだから、そこでの被用者の行為によって損害が発生したならば、その責任を負うべきである）、危険責任の原理によっても根拠づけることができる（使用者が自分の事業のために被用者を用いることは、危険を拡大していることだといえるので、この危険が現実して損害が生じた、つまり被用者の行為によって損害が生じたならば、その責任を負うべきである）。

　また、自動車損害賠償保障法３条についても、確かに証明責任の転換の規定ではあるが、免責されるための要件はきわめて厳しいので、実質的には無過失責任の規定と

　もいえる。その根拠は危険責任である。

第 **10** 章
刑法の基本的な考え方

　すでに本書の既述の部分で説明されているが（第1章）、刑法は、犯罪によって生じた被害者（個人）の損失を回復させる、といった働きをする法ではない。刑法が、加害者（犯罪行為者）を「有罪」とし、「刑罰」を科したとしても、それによって、被害者が被害を受ける前の状態に戻るわけではない。刑法は、犯罪行為者に損害を賠償させたり、その代わりに国家による被害の補償を実現したりする法ではないのである。刑法が行うのは、もっと抽象的なことである。刑法による「処罰」は、行為者が「一般的に妥当している（社会・国家の）ルール」を破ったことに対するリアクションであり、刑法の働きは、処罰を通じて「ルールの妥当性を回復・維持すること」であると言える。

　以下では、このような刑法の働き・役割について考えてみる。その後で、刑法における重要な原則としての「罪刑法定主義」と「法益保護」という原理について概観し、最後に、刑法においてどのように「犯罪」の成立が認められるか（犯罪論体系）、という点について見てみることにする。

1．刑法・刑罰の働き・目的は何か

　刑法（そして、刑法によって科される刑罰）は、いったいどのような働きや目的を持っているのだろうか。最初にこの点について考えてみよう。「刑法や刑罰の働きは何か？」というこの問いに対して、従来出されてきた回答

は、「応報」、「一般予防」、「特別予防」の３つのどれかに整理される。

（1）応　報

　刑罰は、何らかの目的のために科されるものではなく、犯罪に対する報い
として当然に生ずるリアクションである、という考え方を応報刑論という。
刑法は、「今後の犯罪を抑止するための見せしめ」や「被害者を満足させる
ための復讐」といった、何らかの目的を追求するために人に刑罰を科すべき
ではない。ただひたすら、犯罪行為者に「責任を清算させる」ことによって
「正義を回復する」ことだけを目指すべきだ、というのである。このような
発想を示したものとして、カントの次のような考え方がよく引き合いに出さ
れる。

　　裁判による刑罰は、犯罪者自身にとって、あるいは市民社会にとって、別の善
　　を促進する手段にすぎないということはけっしてありえず、つねにもっぱらそ
　　の人が犯罪を犯したがゆえにその人に科されるのでなければならない。という
　　のも、人間が他の人の意図のための手段としてのみ扱われること、物権の対象
　　と一緒にされることはできない……からである。処罰すべしという認定が、犯
　　罪者自身あるいは同朋市民にその刑罰によってもたらされる利益について考え
　　ることに、先行しなくてはならない。……〔中略〕……同害報復の法（ius talio-
　　nis）だけが、……刑罰の質と量を明確に示すことができる。他の原理はすべて
　　不確実であり、別の考慮も紛れ込むので、純粋で厳格な正義の宣告にはまった
　　く適切ではない。（カント（樽井 = 池尾訳）・後掲参考文献178-179頁）

　この文章は、例えば「今回罪を犯した犯人を厳しく処罰し、いわば見せし
めに使うことで、他の人々を脅して、今後の犯罪を予防する」といった目的
を第一に据えて、今回の犯人に刑罰を科すようなことは許されない、という
ことを主張しているものと読める。なぜなら、そのような処罰は、「人間」
であるこの犯人を、今後の犯罪予防のための道具（「物権の対象」）のように
利用し、この犯人を１個の「物」扱いしていることになるからである（その

ような扱いは「人格」を持つ相手に向けられるべきではない）。

　そしてまた、応報刑論の考え方からは、犯罪者に対して科される刑罰も、その犯罪者が生じさせた侵害の程度を超えてはならない、という結論が引き出されることが分かる（「同害報復の法だけが、……刑罰の質と量を明確に示すことができる」）。犯罪者は、犯罪行為によって「ルールの妥当性」を揺るがしたことになる。「盗みを働く人は、他のすべての人の所有を不確実に」してしまった（カント（樽井＝池尾訳）180頁）のだといえる。どういうことかというと、窃盗犯人というのは、単に「被害者から財布を盗んだ」だけではない。その行為によって、「他者の財物を盗んではならない」（誰も、不法に自分の財産の権利を侵されない）というルールを破り（それによって、不法に自分の権利領域を拡大させて）、そのルールの妥当性を傷つけたことになるのである。そこで刑法は、窃盗犯人に罰金刑や懲役刑を科すことによって、破られたルールを回復しなければならないのだが、「窃盗」によって破られたルールを回復するには、「死刑」や「無期懲役刑」といった重すぎる刑罰を科すのでは釣り合いがとれない。犯人に科される刑罰は、犯人が破ったルールの回復に見合った分に限られる。不均衡に重すぎる刑罰を科すならば、もはや「応報」を超えて、「見せしめによって今後の窃盗犯を抑止しよう」といった（不純な）目的が紛れ込んでしまうのである。このようにして、応報刑論は、「今後のために、犯罪者を見せしめの道具として使うこと」（犯罪予防という目的追求のための無制約な厳罰化）に対して、歯止めとなるような論理を提供することになる（＊1）。

　しかし、このような応報刑論に対しては、実社会における刑法・刑罰のあり方を考えるにあたって実践的な意義が乏しい、という疑問が提起されている。応報刑論は、刑法・刑罰には目的がない、と考えるので、それでは、どのような行為に対してどのような刑罰を科す「べき」か、どのような種類の行為を新たに犯罪として処罰対象とする「べき」か、といった議論において、実践的な手がかりを与えてくれないのである（応報刑論は、「当然に処罰される事柄が、処罰されることになる」と答えるだけである）。そもそも、刑罰

を科すにあたって「目的」が一切混入してはならないとか、刑罰とはただひたすら「犯罪の清算」とそれによる「正義の回復」であるとか言われても、そのような説明は抽象的なイメージ論であり、その実態はよく分からない。なぜ、犯罪者に罰金刑や懲役刑が科されると、犯罪が「清算」されて「正義が回復」したことになるのだろうか？（ロクシン（宮澤監訳）・後掲参考文献 4-8 頁参照）。

　そこで、応報刑論の立場からも、「犯罪予防」という「目的」を考えればよい、それに対して、応報的な発想からの「歯止め」をかければよい、という「良い所取り」の見解（相対的応報刑論）が有力に主張されるに至った（これが、従来の多数説の前提理解である）。しかし、これでは、もはや応報刑論の考え方の「核心部分」が失われてしまっている。

（2）一般予防

　刑法（刑罰による威嚇）は、人（一般国民）の犯罪を事前に予防するためにある、という考え方を一般予防論という。これは、理解しやすい常識的な考え方だろう。例えば、殺人罪の規定があることによって、人が殺人をしようとする衝動が抑えられる。これは感覚的に分かることである。また、新しくその侵害性が問題視されるようになった行為（例えば、ストーカー行為、児童ポルノの製造・所持など）を刑事立法によって犯罪化するにあたっても、それらの行為を刑罰の威嚇によって抑止しようという狙いが、その立法の動機となっているのが通常だろう。

　このような一般予防の考え方は、それが狙いとしている予防のあり方に応じて、「消極的一般予防」と「積極的一般予防」とに分けて考えることができる。

（ⅰ）消極的一般予防

　消極的一般予防（威嚇予防）とは、刑法・刑罰の威嚇によって、人（犯罪に出る可能性のある一般国民）が犯罪行為に出ようとする動機・衝動を抑え込

み、それによって犯罪を抑止する、という発想である。刑罰（死刑、懲役刑、罰金刑）というのは、それを科される人にとってみれば、感覚的に「回避したい害」である。そのため、刑罰による威嚇には、このような人間の感覚的な反応を作動させ、いやおうなしに、犯罪行為に出るという気持ちを抑え、または撤回させる、という効果が期待できる（＊2）。端的に言うと、消極的一般予防というのは、人間の「生物」（感覚を持った動物）としての側面に着目し、「人は、罰をちらつかせて脅せば、犯罪を思いとどまる」という、人間の感覚的・動物的な反応を利用しているわけである（＊3）。

　しかし、このような消極的一般予防論は、脅しによる「予防」という視点しか持たないことから、犯罪化・重罰化に対する「歯止め」の論理が含まれていない、という批判を受けることになる。消極的一般予防の発想によれば、犯罪の抑止は、「刑罰の脅しが、犯罪を行う快楽よりも大きい場合に達成される」のだから、犯罪の完全な抑止を目指す限り、脅しに使われる「法定刑」の高さは際限のないものになってしまう（例えば、「窃盗」の抑止のための「死刑」）（ヤコブス（飯島＝川口訳）・後掲参考文献31頁）。

　さらに、消極的一般予防論は、「脅しによって犯罪が抑止される」と言っているが、実際のところ、刑法の規定が存在することによって犯罪がどのくらい抑止されているのかは、実証的に証明することができない。実際の社会では、刑法を一度なくしてみて、犯罪がどのくらい増えるかを「実験」してみる（それによって刑法の脅しの効果を確かめる）、というわけにはいかないからである。そのため、消極的一般予防論が主張している「刑法による犯罪抑止」は、必ずしも実証的なデータを伴っているわけではなく、むしろ、単に直感に訴える「スローガン」に止まっている場合も多いのである。

（ⅱ）積極的一般予防
　そこで、現在の一般予防論は、もっと「抽象的な」主張にウエイトを置いている。それが積極的一般予防である。これは、「脅しによる犯罪予防」ではなく、「犯罪の発生によって動揺したルールの信頼回復（再確認）」という

点に重点を置く考え方である。刑法が存在していても、実際のところ、犯罪は毎日起こってしまっている。ということは、少なくとも、その犯罪者との関係では、「脅しによる犯罪予防」が成功しなかったのである。この場合、刑法はその犯罪者を「処罰」する。その処罰は、もちろん、既に発生してしまった犯罪を防ぐためになされるわけではない（既に発生してしまった犯罪は、もう防げない）。また、その処罰は、単に今後の犯罪を防ぐための見せしめ（今後のための脅し）として行われるわけでもない。処罰は、犯罪によって傷つけられたルールを「回復（再確認）」するために行われる、というのである（ハッセマー（堀内監訳）・後掲参考文献82-83頁）。

　例えば、刑法は、199条（殺人罪の規定）において、「人を殺してはならない（殺人はなされるべきでない）」というルール（殺人の禁止）を設けている。人々は、このルールが妥当していることを信頼できるからこそ、「誰かに殺されることはない」という信頼の下に、日常生活を送ることができる。例えば、信号待ちで交差点に立っているときに、誰かが自分の背後に立ったとしても、「その人が自分を殺すことはないだろう」と信頼して、いちいち後ろを振り返って確認したり、その場から逃げたりすることなく、信号が変わるのを安心して待つことができるのである。ところが、殺人事件が起こると、ましてそれが頻発すると、「誰かに殺されることはない」という信頼が動揺してしまう。「人を殺してはならない」というルールが社会で本当に妥当しているのか、信頼が置けなくなってくる（信号待ちのときにも、いちいち後ろを振り返ってみないと不安でいられなくなる）。このように、犯罪の発生は、「ルールの妥当」を浸食し、それを揺るがしてしまう。これを放置しておけば、ルールの上では「違反事象」であったはずの犯罪の方が「原則」のようになってしまう。そこで、刑法は、この犯罪を「処罰」することによって、犯罪が「ルール違反」であるということを示し、ルールが健在であることを確認してみせる。それによって、人々は、その犯罪があくまで一時的・例外的な「違反事象」にすぎないと考えて、これからも「ルールの妥当」を信頼することができるのである（ルールの回復（再確認））。

（3）特別予防

　最後に、犯罪行為者が再度の犯罪に出ることを予防する、という刑法・刑罰の働きのことを、特別予防という。最も端的な（あるいは、最も乱暴な）特別予防の手段というのは、犯罪者を社会から隔離・排除することであり（死刑や、仮釈放のない無期懲役は、その最も強い形態である）、あるいは、犯罪に出る気持ちが二度と起こらないように、強い苦痛を犯罪者に与えることである。しかし、このような側面は（事実として刑罰に伴い得るとしても）、刑法や刑罰を正当化する根拠としては援用できない。そのような見方は、犯罪者をただ単に排除すべき客体として扱う発想に他ならないからである。また、このような単純な再犯予防という発想からすれば、犯罪者に「再犯の危険性」がある限り、犯罪の種類にかかわらず期間無制限の排除（例えば、窃盗でも無期懲役）が必要となるはずである。しかし、実際の刑法はそうなっていない（刑法では、犯罪者の「再犯の危険性」ではなく、犯した「犯罪の重さ」によって法定刑が分かれている）。

　そこで、現在主張されている特別予防論は、犯罪者の社会復帰（再社会化）を促すことをその内容としている。刑事収容施設及び被収容者等の処遇に関する法律30条も、「受刑者の処遇は、その者の資質及び環境に応じ、その自覚に訴え、改善更生の意欲の喚起及び社会生活に適応する能力の育成を図ることを旨として行うものとする。」と規定して、受刑者の処遇の原則につき、このような考え方をとることを明示している。

（4）刑法が働く場面に従って考える

　以上で、刑法・刑罰の働きについての色々な見解を列挙してみたが、最後に、刑法・刑罰が実際に作動するそれぞれの段階・場面【表】に即して、これらの議論の意義を確認しておきたい（以下の段階的な説明について、ロクシン（宮澤監訳）・後掲参考文献19頁以下を参照）。

　犯罪が起こる前の段階（①の段階）では、刑法にとって、処罰する対象（犯罪）も、相手（犯罪者）も、まだ存在していない（「犯罪者」（❶）はまだい

【表】刑法・刑罰の目的

対象\刑法	①立法（法定）	犯罪の発生	②裁判（科刑）	③刑の執行（行刑）　段階の進展
	事前←	→事後		
❶対犯罪者			→**責任応報****（公正な非難）**	**再社会化****（積極的特別予防）**
❷対一般国民	**ルール提示・制裁の予告による威嚇****（消極的一般予防）**	**ルールの動揺**	**ルールの確認・安定化****（積極的一般予防）**	（犯罪者の隔離による消極的特別予防の効果も副次的にはある。）
❸関与主体	立法政策、事前規制**（国会、行政警察活動）**		刑法（実体法）・刑事訴訟法（手続法）の適用による事後処理**（裁判所）**	犯罪者の処遇**（行刑機関）**

ない）。この段階において刑法（刑罰による威嚇）がする働きといえば、「ルールを作る」ことによって（つまり、この段階で働いているのは、①❸に示したように立法機関＝国会である）、国民一般（❷）を相手に一定の犯罪行為を禁止し、それを事前に予防すること以外に考えられないだろう（①❷のルールの提示による消極的一般予防）。しかし、消極的一般予防という発想は、予防の効果だけを考えると無制限の犯罪化・重罰化に至ってしまう、という危険性を持っていた（1.（2）（i））。そこで、刑罰規定を作る立法機関は、およそ犯罪化する対象行為を限定すること、また、犯罪に対して予定する刑罰（法定刑）を適正なものにすること（この点については2.（2））が、必要不可欠となる。

　ところが、現実の社会では、刑法による威嚇があっても、それに対する違反（＝犯罪）が実際に発生してしまう（【表】の中の★である）。それによって、初めて具体的な「犯罪者」が登場する）。そして、犯罪は、一般国民にとって

「ルールの妥当」を揺るがす事態である（ルールの動揺）。そこで、刑法がこの事態に対処することになる（②の段階）。まず、犯罪者に対する処罰は、今後の犯罪予防のための「見せしめ」（消極的一般予防）という側面を持つかもしれない。しかし、それ自体は、処罰を「正当化」できる根拠にはならない。処罰は、あくまで、犯された犯罪に対する公正な応報（1.（1））といえるものでなければ、その正当性が認められない（②❶）。しかし、公正な応報というのは、刑罰の働きについての単なる抽象的な説明に尽きるものではない。犯罪者に対して公正な応報と認められるような処罰がなされることで、それと同時に社会におけるルールの信頼回復が実現するのである（②❷の積極的一般予防）。この働きを担っているのが裁判所である（②❸）。

　最後に、宣告された有罪判決（科刑）を執行する刑の執行の段階（③）が来る。そこでは、刑務所などの行刑機関（③❸）が働くことになり、犯罪者の処遇を通じて特別予防（再社会化）の実現（1.（3））が目指されることになるのである（③❶）。

２．刑法における重要な原理：罪刑法定主義、法益保護

　続いて、刑法において妥当する重要な原理として、「罪刑法定主義」と「法益保護」という考え方について見てみることにしよう。

（１）罪刑法定主義

　刑法における大原則として、「法律がなければ犯罪はなく、法律がなければ刑罰はない」（罪刑法定主義）という原則がある。すなわち、何が「犯罪」であり、それに対してどのような「刑罰」が科されるのか（法定刑）が、国会の定める法律によって、前もって規定されていなければならない、ということである。

　では、このような原則が、一体どこから出てくるのだろうか。罪刑法定主義は、自由主義的要請と民主主義的要請という２つの観点から出てくるもの

と考えられる。自由主義的要請とは、国民一般にとって「不意打ち」とならないように、行為に出るかどうかを決断する前に「何が犯罪になり、どのくらいの刑罰を科されることになるか」を示しておかなければならない、そうでなければ国民一般の予測可能性と行動の自由が害されてしまう、という考え方である。民主主義的要請とは、犯罪と刑罰は、国民の代表である国会において、国民の意思に基づいて定められなければならない（法律主義・国会制定法主義）、ということである。いやしくも国民に刑罰という害悪を科すというのであれば、それは国民自身の代表者（国会）が定めた法律によるのでなければならない、という考え方がこれである。

　罪刑法定主義という原則は、日本の刑法典それ自体にそれを正面から規定した条文がない。しかし、日本国憲法には、その趣旨を（部分的に）規定したものと解される条文がいくつかある。憲法31条（法定手続の保障）、憲法39条前段（遡及処罰の禁止）、憲法73条 6 号ただし書（内閣の職権）がそれに当たる。

　罪刑法定主義からは、様々な具体的な派生原理が出てくるが、その中でも重要で、しばしば裁判所で実際に争われることもある問題が、犯罪規定の明確性である。罪刑法定主義からは、何が犯罪になるかが単に「条文に書いている」ならばそれで足りる、というわけではない。何が犯罪となるかが「明確に」書かれていなければ、罪刑法定主義の精神が没却されてしまうことになる（明確性の原則）。

　なぜそうなのかは、「刑法の規定がどのような働きをしているか」という点を思い出してみればよく分かる。刑法の条文、例えば刑法199条（殺人罪）は、「人を殺した者は、死刑又は無期若しくは 5 年以上の懲役に処する。」と規定している。この条文の前半部分（「人を殺した者は、」）は、何をすれば殺人罪という犯罪になるのかという、その条件を規定している（これを犯罪構成要件という）。後半部分（「死刑又は無期若しくは 5 年以上の懲役に処する。」）は、問題の種類の行為（殺人）に対して、どのような刑罰が科されることが予定されているか（これを法定刑という）を定めている。この条文は、①一

般国民の目から見れば、「人を殺せば、死刑又は無期若しくは5年以上の懲役を科すぞ」という威嚇である。だから、殺人罪の条文があることによって、国民一般が「人を殺すのはやめておこう」という意思決定へと導かれるのである（消極的一般予防）。このように、条文が、国民一般に対して禁止・威嚇を発し、彼らが犯罪行為に出る意思をくじく、という働きをしているとき、「刑法は意思決定規範として働いている」という。②これに対して、殺人事件が発生した場合に、裁判所の目からこの条文を見るとき、同じ殺人罪の条文が、今度は、「人を殺した者がいたときは、死刑又は無期若しくは5年以上の懲役に処さなければならない」という刑法の運用マニュアル（評価の基準を示すルールブック）として立ち現れることになる。このとき、裁判所にとって「刑法は評価規範として働いている」という。裁判所は、このルールブック（評価基準）としての刑法に基づいて判断を下す（応報・積極的一般予防を実現する）のである。そうだとすると、条文が「不明確」である場合には（例えば、「人に多大な迷惑をかける行為に出た者は、××に処する。」といった条文があったとしよう。この場合、「人に多大な迷惑をかける」というのが具体的にどのような行為を指すのかは極めて不明確である）、①禁止の対象が「一般国民の目から見て」不明確であることにより、一般国民の行動の自由が害されると同時に、②処罰の対象が「裁判所の目から見て」不明確であることにより、裁判所の恣意的な適用を招くおそれが生じてしまう。このようにして、明確性の原則も、①自由主義的側面、②民主主義的側面から根拠づけられるのである。

罪刑法定主義の理論的根拠：
①自由主義的要請：国民に対し、不意打ちとならないように、行為の決断の前に予め犯罪と刑罰との内容を明示し、国民の予測可能性と行動の自由を保障する。
②民主主義的要請：犯罪と刑罰とは、国民の代表である国会において国民の意思に基づいて定められなければならない（法律主義・国会制定

法主義）。

（2）法益保護

　刑法は、ただ形式的に「何が犯罪か」を明確に規定していればよい、というわけではない。「どのような行為を犯罪として処罰対象にするか」という犯罪化の実質的判断が、適正なものでなければならないのである（刑罰規定の内容の適正）。刑罰によって抑止するには値しないような軽微な問題行動や、およそ刑罰の対象とすべきでない領域における行動（純粋な思想、純粋な私事の領域における行動など）については、これを処罰対象に含めるような刑事立法をなすべきではない。

　しかし、このような「建前」を述べるだけでは、「どのような行為」を「どの程度の法定刑で」処罰対象とするのが適正なのかが、具体的には分からない。そこで、そのような判断・評価の手がかりになるものとして、従来、法益という概念が用いられてきた。法益とは、刑罰規定による保護に値する利益のことであり、その内容・種類と序列についての議論が深められてきたのである（以下、飯島・後掲参考文献134頁以下の整理を参照）。

（i）法益の種類

　まず、刑法が相互の侵害を禁止することによって保護の対象としているのは、生命、身体、外的活動の自由、財産などの個人法益（個人に帰属する、個人が所有している財）である。

　①人の全ての活動の基盤となっているのが生命であり、各種法益の中でも最高位に位置づけられるべきものである。これを侵害する犯罪が「殺人の罪」だということになる。

　②更に、人の全ての活動は身体の活動として初めて外界に現れる（思考も脳の作用である）ことから、人の身体も、法益として（生命に次ぐ）重要性を持つ。身体を侵害する犯罪が「傷害の罪」である。

　③そして、生命と身体という基盤に基づいて、人の様々な活動がなされ

る。その際には、人がそれらの活動を、自分の意思に従って（外部から強制されることなく）行うことができるような条件が整備されなければならない。それが人の外的活動の自由という法益であり、この法益は、生活における様々な領域・場面ごとに個別化される。例えば、「場所的移動を自由にできること」（これを侵害する犯罪が監禁罪である）、「人から妨害されずに仕事ができること」（これを侵害する犯罪が業務妨害罪である）、「誰を私的領域に招き入れるかを自由に決めること」（これを侵害する犯罪が住居侵入罪である）、「自分の意思に従って人と性的な関係を持つという自由」（これを侵害する犯罪が強制性交罪などの各種の「性的自由に対する犯罪」である）、「どのような行為に出るかという意思決定の自由一般」（これを侵害する犯罪が強要罪である）、などである。

　④また、人が自分の権利や欲求を実現するためには、自分の身体以外に、（④-1）何らかの「物」を所有している、またはそれを利用できる、ということが必要不可欠である（食欲を充たすには、「食べ物」を手に入れなければならない）。（④-2）更に、人は、自分の独力では得られない物・利益を他者との「取引」によって手に入れ、それを通じて自分の権利の範囲や活動領域を拡大させることもできる（自分では製造できない「自動車」を購入することで、自動車での移動が可能になる）。そこで、これらの（④-1）財産や、（④-2）財産取引における自由が、刑法の保護対象となる（人の財物を奪い取る窃盗罪や、相手をだまし、その真意に沿わない条件で取引に応じさせてしまう詐欺罪などは、これらの財産法益を侵害する犯罪である）。

　次に、⑤人々の集団に帰属され、集団的に共有されている利益や、⑥人々の間の公正な関係性の維持、人々の間の交渉条件の維持など、個人の法益に還元・解消されないような利益も、刑法の保護対象となり得る。これらを社会法益という。例えば、⑤誰か「特定の個人」ではなく、「不特定または多数の人々」の生命・身体・財産を広く危険にさらす犯罪（例えば、放火罪や往来妨害罪）、人々の集団的な感情を害する犯罪（例えば、人々の性的感情を害する公然わいせつ罪や、人々の敬虔な宗教感情を害する墳墓発掘罪）、人々の安

全な生活環境を害する犯罪（例えば、各種の薬物犯罪）は、社会法益に対する罪に位置づけられる。また、⑥人々の間で事実・権利関係を証明するものとして用いられる「文書」や「有価証券」の信頼を害してしまう犯罪（文書偽造罪、有価証券偽造罪）や、様々な社会的・経済的な取引の「制度」「ルール」それ自体を保全するために設けられた犯罪規定（例えば、金融商品取引法における刑罰規定など）も、社会法益を害する犯罪ということになる。

　最後に、⑦個人法益・社会法益を保全する「国家」という制度・秩序それ自体も、独自の法益として、刑法による保護対象となる。これを国家法益という。公務員の公務執行を妨害する犯罪（公務執行妨害罪、職務強要罪）、公務が利益によって左右されるという状況（や、その外観）を作り出し、公務の公正（や、その信頼）を害する犯罪（贈収賄罪）、司法作用を害する犯罪（犯人隠避罪、証拠隠滅罪、偽証罪）などは、国家法益を害する犯罪である。

（ⅱ）法益侵害の程度

　各種の犯罪は、上で挙げた何らかの「法益」に対する侵害、と性格づけることができる。しかし、一言で「侵害」と言っても程度差があり、法益それ自体を壊してしまう犯罪と、法益を壊すまでには至らないが、法益を危険にさらす犯罪とがあることになる。前者を実害犯、後者を危険犯という。そうすると、あらゆる犯罪は、どのような法益を保護対象としているか（法益の種類）、その法益をどの程度まで侵害するものか（法益侵害の程度）、という2点の組み合わせによって分類・整理することができる。例えば、殺人罪（刑法199条）という犯罪は「生命法益に対する実害犯」である。これに対して、生存のためには自分が保護してやることが必要であるような幼児をどこかに捨ててくる、という保護責任者遺棄罪（刑法218条）は「生命法益に対する危険犯」だということになる。

（ⅲ）法益論の意義

　刑事立法において、新たに何らかの種類の行為を（一定の程度の法定刑で

もって）「犯罪化」すべきか否かが問題になるとき、上記の法益論が一つの
重要な手掛かりを与えてくれる。いま、新しく犯罪化しようとしている行為
は、「どのような種類の」法益を、「どの程度」侵害する行為なのか。そし
て、刑法において、「同種の」法益を「同程度に」侵害する何か他の行為
が、既に「犯罪化」されているという例はあるのか。例があるとすれば、そ
の行為は、どの範囲で、また、どの程度の重さの法定刑をもって「犯罪化」
されているのか。これらの諸点を基にして、いま新たに問題となっている行
為の犯罪化の「可否」と「程度（法定刑の重さ）」を考えるべきことになるの
である。

（iv）法益概念の機能喪失？

　近時、刑事立法においても、刑事司法（裁判所における犯罪成立の判断）に
おいても、刑法による規制が、従来は規制対象ではなかった「周辺領域」に
まで拡大してきている。それにつれて、法益概念には、刑事規制のあるべき
範囲を批判的に検証する力がないのではないか、という疑念も生じてきてい
る。最後に、この最近の動向について触れておこう。

　まず、近時の「刑事立法」の傾向について見てみよう。殺人罪や窃盗罪な
ど、重要な法益（生命、財産など）を侵害する「中核的な犯罪」は、はるか
昔から既に「犯罪化」されてしまっており、今さらその犯罪化が改めて問題
となることはない。これに対して、現在問題となっているのは、各種の経済
犯罪、組織犯罪、国際犯罪を効果的に抑止するために、その「前段階の準備
的行為」を犯罪化することの可否なのである。例えば、ピッキング行為の道
具に使う「特殊開錠用具の所持行為」（特殊開錠用具の所持の禁止等に関する
法律）、データ取得等を目的とした「不正アクセス行為」（不正アクセス行為
の禁止等に関する法律）、偽造クレジットカードを作成する準備行為としてク
レジットカードの磁気ストライプ部分をスキミングするという「支払用カー
ド電磁的記録の情報取得行為」（刑法163条の4。平成13年刑法改正）、銀行で
預金口座を開設する際に「本人特定事項を偽る行為」や、預金口座を開設し

て銀行から受け取った通帳等を「他人に譲り渡す行為」（犯罪による収益の移転防止に関する法律。マネーロンダリングや特殊詐欺に銀行の預金口座が利用されることを防止するための規定）などが、新たに「犯罪化」されている。これらの行為は、その後で行われる財産犯罪の「前段階」にある準備的行為であり、財産法益の侵害というゴールから見れば、まだ大分「手前の」行為である。その行為自体にどの程度の「法益侵害」があるのかと尋ねられると、それは「相当薄い」ものだと言わざるを得ない（刑法的介入の早期化）。

　しかし、例えば「他人名義の預金口座」というのは、振り込め詐欺を組織的に実行するための「必須のツール」と言われているものである。他人名義での口座開設や、他人への口座の譲渡を「禁止」することは、振り込め詐欺の実行組織が他人名義の預金口座という「必須のツール」を手に入れることを防ぎ、振り込め詐欺の実行を困難にするという極めて効果的な方法なのである。法益侵害という点から見れば「相当薄い」規制根拠しかないという理由で、この種の行為を「犯罪化」する可能性を最初から否定してしまってよいのだろうか？　このような疑問から、現在では、次のような見方が有力に主張されるに至っている。

　　現代においては個人の行動の持つ法益侵害のポテンシャルがそれだけ拡大しており、今それを禁止しなければ、後にはもはや手遅れになるような事態が問題となっていることからすれば、これらの領域における早期の刑法的介入に合理性があることは否定できない。そうであるとするならば、刑法的規制を正当化する原理として承認されてきた法益保護原則ないし侵害原理は、もはや立法と解釈における一元的ガイドラインとしての性格をすでに失っているということを意味する。（井田・後掲参考文献16頁）

　さらに、近時は、「刑事司法」（裁判所による刑罰規定の解釈・適用の場面）においても、「法益侵害」から「遠い」行為が、処罰対象とされるようになってきている。具体的に言うと、昔は「犯罪」といえば、故意に積極的な作為によって犯罪を実現する行為（故意作為犯）が、その典型的・中核的な

例だと考えられてきた。例えば、被害者を故意にピストルで射殺する殺人などがそれである。それに対して、不注意によって結果を生じさせてしまった場合（過失犯）や、自分が結果発生の原因を直接作り出したわけではなく、別の人や、別の所から生じた原因を食い止めなかったために結果が発生してしまった、という場合（不作為犯）の処罰は、ある意味、現在よりも限定されていた。例えば、学校の体育の授業で、生徒が熱中症にかかって死亡してしまったという場合、かなり昔ならば不幸な事故と考えられる余地があったのかもしれないが、現在では、体育教員の不注意による過失致死罪の成否が問題とされる可能性がある。このように、直接的な手段で法益侵害を生じさせる故意作為犯だけでなく、法益侵害が生じないように配慮すべき「管轄」を持つ人の不注意な不作為が過失不作為犯として広く処罰対象とされるようになっているのが、刑事司法の現在の状況だといえる。このような状況の下では、処罰範囲を確定するにあたって、「法益侵害」よりも、「管轄」（過失犯の注意義務、不作為犯の保障人的義務）の認定こそが、重要な実践的意義を持つようになってきているのである。

３．犯罪論体系について

　以上は、「刑法」という法律のそもそもの「存在意義」に関する話だったが、以下では、事件に対して「刑法」という法律を実際にどのように適用するか（どのようにして犯罪の成立・不成立を判断するか）、という点について簡単に見ておこう。具体的な事件に対して刑法を適用し、犯罪の成立・不成立を判定するに当たっては、上から事件を入れると、一つ一つの判断の段階を経て最終的に「答え」が出るという、いわば「フローチャート」のような判断の「順序」が考えられている（＊4）。これを、犯罪論体系という。「刑法総論」という分野においては、この犯罪論体系に沿って、犯罪の成立・不成立の判断の「枠組み」について学ぶ（研究する）ことになる。

　（一般的な）犯罪論体系に従って考えると、犯罪の成否の判断は、次のよ

うな3つの「段階」に分けて、順を追って行われる。

（1）構成要件該当性

　第1に、問題の行為者が行ったことが、刑法において「犯罪」とされている種類のものに当たらなければならない。このように、行為者の行為が刑法において「犯罪」とされている種類の行為に該当する、という判断が下されることを、構成要件該当性という。

　刑法は、「第2編 罪」（「刑法各則」と呼ばれる）において、一つ一つの犯罪の種類ごとに条文を置き、何をするとその犯罪に当たり、どのくらいの刑罰を受けることになるか、ということを定めている。このように、刑法各則において定められている、「このような行為をすると○○罪という犯罪に当たる」という当該犯罪の成立に必要な条件が、犯罪構成要件である（あるいは、単に構成要件と呼ばれる）。例えば、「人を殺した者は、死刑又は無期若しくは5年以上の懲役に処する。」（刑法199条）と定められている殺人罪の構成要件は、「人を殺した」ことである。まずは行為者の行為が、この犯罪構成要件に当たらなければ、話は始まらない。行為者の行為が、刑法の定めるどの犯罪構成要件にも当たらないものである場合には、その段階で既に、犯罪の「不成立」は確定である（例えば、ゼミの報告担当者が理由もないのに無断で欠席する行為は、ゼミの担当教員から叱られるかもしれないが、「ゼミの報告担当者が無断で欠席する」という構成要件を持った犯罪規定は刑法に存在しないので、当然ながら犯罪に当たらない）。

（2）違法阻却事由（正当化事由）

　行為者の行為に「構成要件該当性」が認められた場合には、行為者は刑法が禁止している行為に出たことになり、「ルール違反を犯した」と言えることになる。例えば、行為者Xが被害者Aを段ってけがをさせた場合には、Xは、刑法204条（傷害罪）の構成要件である「人の身体を傷害した」に当たる行為に出たことになり、傷害罪の構成要件該当性が認められる。しか

し、例外的に、このように構成要件該当性が認められても、「ルール違反を犯した」とは認められない場合がある。それは、行為者の行為に、違法阻却事由（または正当化事由）に当たる事情が認められるときである。行為者の行為が犯罪構成要件に該当していれば、ふつうはルール違反であると考えられる。しかし、同時にこの“例外的な”事情が認められる場合には、その行為は「ルール違反ではない」と認められることになるのである（そこで、このような場合のことを、違法性が例外的に「阻却」〔＝否定〕される場合〔＝「違法阻却事由」〕と呼んでいる。また、行為が例外的に「正当」〔＝違法でない〕とされる場合という意味で、「正当化事由」とも呼ばれる）。

　例えば、医師 X が妊婦の依頼を受けて人工妊娠中絶の手術を行うことは、刑法214条の業務上堕胎罪の構成要件（「医師……が女子の嘱託を受け……堕胎させた」）に該当するが、それが母体保護法 2 条 2 項、同14条 1 項において行うことができるとされている「人工妊娠中絶」に該当する場合には、X の行為は犯罪には当たらない。この場合、母体保護法の「人工妊娠中絶」の規定が、業務上堕胎罪（刑法214条）の犯罪構成要件との関係において、「違法阻却事由」（「正当化事由」）に当たるのである。

　このようにして、行為者の行為が違法阻却事由に当たらないか、という点を考えるのが、犯罪成立の第 2 の判断である。刑法は、35条（正当行為）、36条（正当防衛）、37条（緊急避難）において、このように、犯罪構成要件に該当しても、例外的に「違法でない」（「行為者の行為はルール違反ではなく、正当なものである」）とされる場合を規定している（＊5）。このうち、刑法36条の正当防衛と、刑法37条の緊急避難は、緊急行為という性質を持った行為について、その違法性が阻却される場合である。緊急行為とは、人の法益（行為者本人の法益でも、他の誰かの法益でもよい）が危険にさらされているという緊急状況の下で、その法益を守るために、やむを得ずに（他にはしかるべき手段がなかった、という条件の下で）、行為者が犯罪構成要件に該当する行為に出てしまった、というものである。例えば、A が（理由もなく）バットで X に殴りかかってきたので、X が、自分の身を守るために手拳で A の

顔面を殴ってひるませ、これを撃退した（その際に、Aは鼻の中が切れるという傷害を負った）という場合には、このXの行動が刑法36条の定める正当防衛の成立要件（「急迫不正の侵害に対して、自己又は他人の権利を防衛するため、やむを得ずにした行為」）に該当する限り、その違法性が阻却され、Xには傷害罪の成立が否定されることになる。また、例えば、Aが（理由もなく）バットでXに殴りかかってきたので、Xが、自分の身を守るために、横にいたBを突き飛ばして逃げ、その際にBが転んで足にけがをしたという場合には、このXの行動が刑法37条の定める緊急避難の成立要件（「自己又は他人の生命、身体、自由又は財産に対する現在の危難を避けるため、やむを得ずにした行為」であり、かつ「これによって生じた害が避けようとした害の程度を超えなかった場合」）に該当する限り、その違法性が阻却され、Xには傷害罪の成立が否定されることになる。正当防衛、緊急避難の成立要件をめぐっては、それぞれについて様々な問題と議論があり、「刑法総論」という分野において詳しく勉強することになる。これに対して、刑法35条（「法令又は正当な業務による行為は、罰しない。」）は、様々な法令において「行ってもよい」と規定されている行為（法令行為）、または、社会生活において承認され、継続・反復して行われている業務としてなされた行為（正当業務行為）を、刑法上罰しない（違法ではない）ものとするための規定である（例えば、上記の母体保護法に規定された「人工妊娠中絶」は、堕胎罪の違法性を阻却する「法令行為」に当たる）。

（3）責　任

　行為者の行為が、構成要件に該当し、かつ何ら違法阻却事由に当たらない場合には、その行為は「違法」（ルール違反）であることが確定したことになる。しかし、それだけではまだ犯罪の成立は認められない。犯罪の成立には、違法行為に出たことについて、行為者に責任が認められることが必要であり、この責任の判断が犯罪成立判断の第3の段階である。

　責任とは、行為者が行ったルール違反（違法行為）について、行為者本人

にそれを「非難」することができる（非難可能性）、という評価をいう。逆に言えば、行為者がルール違反に当たる行為に出ても、それが行為者本人に「非難」できない場合には、ルール違反の効果（刑法で言えば、刑罰という制裁が科されること）は帰結しない。つまり、「ルール違反」（違法）が認められただけでは、未だ制裁の発動には至らないのである。このことは、刑法に限らず、違反者に対して何らかの「制裁」（サンクション）を予定しているルール全てにあてはまる事柄だといえるだろう。例えば、スポーツの選手が、競技において、いわゆるドーピングに当たるものとして使用が禁止されている薬物を使用した場合には、その事実が客観的に「ルール違反」に当たり、例えば世界記録が更新されたとしてもそれが新たな世界記録として認められないことになるのは否定できない。しかし、その選手が、自分が禁止薬物を摂取しているとは知らずに摂取してしまっていた（例えば、誰かが競技前に、その薬物を選手の飲料に混入させていた）のだとすれば、その選手に対して制裁を科すことはできないだろう。これは、禁止薬物の摂取というルール違反について、選手本人を非難できない場合だからである。これと同じことが、刑法においても当てはまる。行為者の行為が、客観的な事実として違法行為に当たるものだったとしても、そのような行為に出たことにつき行為者を非難できる場合でなければ、刑罰という制裁を科すことは許されないのである。

　この責任の判断の具体的内容としては、まず、行為者に故意（「わざと」問題の行為に出たこと）、または過失（わざとではなかったが、「不注意」によって問題の行為に出てしまったこと）と言えるような態度が認められることが必要とされる（＊6）。さらに、犯罪の成立には、行為時の行為者に責任能力があったことが必要である（責任能力が認められない〔または、減退している〕場合についての規定として、刑法39条、刑法41条を参照）（＊7）。また、刑法の解釈論上、犯罪の成立は、行為者に違法性の意識（の可能性）（行為者が、自分のやろうとしている行為が刑法上の犯罪であるということを自覚していた〔または、自覚できた〕こと）、適法行為の期待可能性があったこと（行為者が、

問題の犯罪行為に出ることを思い止まろうと努力すれば思い止まることもできた、と言えること）が必要である、と主張されている（＊8）。

（4）犯罪成立、量刑判断へ

　以上の判断の段階を経て（＊9）、行為者に犯罪の成立が認められると、次に、刑の量定（量刑）の判断に入ることになる。この判断に際しては、まず、行為者の行為が該当した各則規定が定める法定刑（各則規定に定められた刑の幅）から出発することになる。

　複数種類の刑罰が法定刑として定められている場合には（例えば、刑法199条の殺人罪の規定は、法定刑を「死刑又は無期若しくは5年以上の懲役」と定めており、死刑、無期懲役刑、有期懲役刑の3種類の刑種が定められている）、行為者の行為に対する評価に応じて、まず刑種選択を行う。

　次に、刑法には、特に刑の減軽事由、加重事由が定められている場合がある。一例を挙げると、例えば既に登場した刑法39条は、その2項において「心神耗弱者の行為は、その刑を減軽する。」と規定している。したがって、行為者が心神耗弱に当たる場合には、その刑が「減軽」されることになる（＊10）。他方、刑の「加重」が定められている場合もある（例えば、刑法47条の併合罪加重など）。これらの事情に当たるケースにおいては、法定刑に対して加重・減軽が加えられることになる（＊11）。このようにして法定刑が修正されたもの（修正された刑の幅）を、処断刑という。

　その上で、最後に、有期懲役刑や罰金刑のように量的な幅を持った刑種の場合には、その量的な幅の中で、その行為者に対してどの程度の刑を宣告するかを決めることになる。こうして決められる（実際に裁判において言い渡される）刑が、宣告刑である。

　刑種選択の判断や、量的な幅のある刑の中で行為者にどの程度の刑を科すかという判断にあたっては、行為者の犯情（犯罪事実の客観的な重さ、非難可能性の大きさに関わる事情）に照らして、まずはおおよその程度・枠を見定めたうえで、そこに更に一般情状（犯情以外の様々な予防的・政策的な考慮事情

等）を加えて最終的な微調整をする、という判断の枠組みが一般に前提とされている。

①刑の法定	②刑の量定（科刑）		③刑の執行
法定刑→刑種選択 （刑罰法規が規定する刑）	**→ 処断刑** （決定刑に加重減軽を施した刑）	**→ 宣告刑** （被告人に言い渡される刑） 様々な量刑事情を考慮して確定する。	**→ 執行刑** （実際に執行する刑）

｜コラム｜◆自由刑の単一化：「懲役」「禁錮」から「拘禁刑」へ◆

　受刑者を刑事施設に拘置して身体の自由を剥奪する刑罰を、自由刑という。従来、刑法典においては、「懲役」、「禁錮」、「拘留」（拘留とは1日以上30日未満の短期自由刑をいう。刑法16条）の3種類のものが、自由刑として規定されていた。しかし、令和4年6月17日に公布された「刑法等の一部を改正する法律」（法律第67号）は、懲役と禁錮の区別をなくし、両者を区別しない「拘禁刑」という名称の自由刑を新設した。

　法改正前の「懲役」とは、「刑事施設に拘置して所定の作業を行わせる」（改正前の刑法12条2項）刑罰であり、「作業」（刑務作業という労働）が義務づけられていた。他方、「禁錮」とは、「刑事施設に拘置する」（改正前の刑法13条2項）と規定され、作業が義務づけられない刑罰であった。このように2種類の自由刑が設けられた意義については、かつて、犯罪には「破廉恥罪」と「非破廉恥罪」とがあり、強い道義的非難に値する前者の種類の犯罪（例えば、殺人罪、窃盗罪など）に対しては刑務作業を義務づける懲役刑で臨むべきだが、そうではない後者の種類の犯罪（例えば、過失犯や、いわゆる政治犯としての性格を持つ公務執行妨害罪など）には場合によって禁錮刑が科されるべきだから、と説明されていた。しかし他方で、この区別を廃止し、自由刑を一本化すべきだとする議論も昔からあった（例えば、すでに昭和35年の改正刑法準備草案の起草作業において議論が行われている）。これまでの科刑の実状においても、禁錮刑受刑者は懲役刑受刑者と比べてはるかに数が少なく、また、作業を義務づけられていない禁錮刑受刑者もその大部分が申出により作業を行っていることから（いわゆる請願作業）、実際のところ、両者の区別はあまり意味を持っていないと指摘されてきた。

　令和4年の法改正はついに懲役・禁錮の区別をなくし、これを「拘禁刑」へと一本化したのであるが、改正により新設された刑法12条3項は、「拘禁刑に処せられた者には、改善更生を図るため、必要な作業を行わせ、又は必要な指導を行うことができる。」と規定している（拘留に関する刑法16条も、改正により第2項が新設され、これと同じ趣旨の規定が置かれている）。これは、「刑事収容施設及び被収容者等の処遇に関する法律」84条が「受刑者には、矯正処遇として……作業を行わせ、……指導を行う」と規定して、矯正処遇として「作業」と「改善指導」（同法103条）・「教科指導」（同法104条）とを並置していることを前提としたうえで、懲役刑受刑者には「作業を行わせる」（改正前の刑法12条2項）として特に作業（だけ）を義務づけの対象としていた規定を廃し、作業に適さない受刑者や、社会復帰のためには作業以外の指導に時間をかけた方がよい受刑者にも、各人に適した処遇を行うことを可能にするような規定ぶりに改めたものである。

●参考文献　川出敏裕「自由刑の単一化」刑法雑誌57巻3号（2018）、髙橋直哉「自由刑の単一化」刑事法ジャーナル68号（2021）など。

（＊1）　「規範の効力を犯罪発生以前よりも強化するということは、当該犯罪とは無関係
　　　　な形での重罰化……につながることに他ならず、それはまさに当該犯罪者を規範の効
　　　　力の強化という目的のための単なる手段として取り扱うことになってしまう」（飯
　　　　島・後掲参考文献78-79頁）。

（＊2）　【威嚇による予防】その典型的な主張として、フォイエルバッハが提唱した心理
　　　　強制説がある。現在の「法と経済学」の分析も、刑法の役割を、サンクション（制
　　　　裁）予告による「抑止」に求める見方を前提にしている。「刑法によらなければ適切
　　　　にコントロールできないある種の行動を抑制するために社会は刑法を必要とする」
　　　　（スティーブン・シャベル（田中亘＝飯田高訳）『法と経済学』（日本経済新聞出版
　　　　社、2010年）631頁）。

（＊3）　【環境整備による犯罪防止】このようなスタンスは、人に「ルール（規範）」をさ
　　　　し向けるのではなく、人が物理的・心理的に犯罪行為に出ることができない状況を作
　　　　ることによって（例えば、犯行が外部から丸見えになるように、強盗が頻発しそうな
　　　　場所をスケルトンにするとか、高齢者が詐欺犯人にだまされて銀行から大金を引きお
　　　　ろしてしまうのを防ぐために、口座から一度に引き下ろすことができる金額に上限を
　　　　設ける、などの方策によって）端的に犯罪を実行できなくする、という環境犯罪学の
　　　　方法論にも共有されている。環境犯罪学については、例えば、谷岡一郎『こうすれば
　　　　犯罪は防げる――環境犯罪学入門』（新潮選書、2004年）など参照。

（＊4）　この「順序」は、「刑法」それ自体に書いてあるわけではないが、長年にわたる
　　　　刑法理論の展開によって形作られてきたものである。

（＊5）　ただし、これらの規定それ自体は「……は罰しない。」と規定しているだけであり、
　　　　「……違法でない。」とは言っていない。これらが「違法阻却事由」であるというのは、
　　　　学説・判例による一般的な理解である。そのため、刑法37条の緊急避難については、こ
　　　　れは「違法阻却事由」ではなく「責任阻却事由」である、とする学説も有力である。ま
　　　　た、「違法阻却事由」とされる場合は、これらの規定が定める場合以外にも存在する。

（＊6）　【故意犯と過失犯】故意が認められる場合に成立するのが故意犯、過失が認められ
　　　　る場合に成立するのが過失犯である。刑法は、原則として、行為者に故意があった場
　　　　合（故意犯）しか処罰しないが（刑法38条1項本文）、例外的に、各則に過失犯の処罰
　　　　規定が置かれている場合には（刑法38条1項ただし書）、過失犯の処罰も認められる。

（＊7）　【責任能力】刑法39条1項は、「心神喪失者の行為は、罰しない。」、同条2項は、

「心神耗弱者の行為は、その刑を減軽する。」と規定している。「心神喪失」とは、精神の障害によって、自分の行為が違法で許されないものであるか否かを自覚し、その自覚に従って自分の行動をコントロールするという能力が失われている状態をいい、「心神耗弱」とは、そのような能力が著しく減退してしまっている状態をいう。

　また、刑法41条は、「十四歳に満たない者の行為は、罰しない。」と定めている（責任年齢の規定）。これは、この年齢に達していない者については、一律に、刑法として責任非難を加えることができない、ということをルール化したものである。

（＊８）　ただし、日本の最高裁判例においては、これまでのところ、違法性の意識（の可能性）、適法行為の期待可能性が欠けるという理由で行為者の不可罰（責任阻却）を認めたものは存在しない。

（＊９）　犯罪の種類によっては、以上（構成要件該当性、違法性、責任）の他に、更に特別な「処罰条件」がその成立要件として付加されているものもある。

（＊10）　【刑の減軽】39条２項のように「その刑を減軽する。」と定める規定を、必要的減軽の規定という。この場合、裁判所は、必ず刑を減軽しなければならない。これに対して、「その刑を減軽することができる。」と定める規定（一例を挙げれば、刑法43条本文の未遂犯の減軽）を任意的減軽の規定といい、この場合には、裁判所は当該事件の事情しだいで刑の減軽をしなくてもよい。

　なお、刑の減軽の具体的なやり方は、刑法68条に定められている。

（＊11）　複数の加重・減軽事由に当たる場合には、刑法72条の定める順序で、刑の加重・減軽を行うことになる。

（参考文献）

クラウス・ロクシン（宮澤浩一監訳）『刑法における責任と予防』（成文堂、1984年）

カント（樽井正義＝池尾恭一訳）『人倫の形而上学』『カント全集11』（岩波書店、2002年）

井田良『変革の時代における理論刑法学』（慶應義塾大学出版会、2007年）

ヴィンフリート・ハッセマー（堀内捷三監訳）『刑罰はなぜ必要か』（中央大学出版部、2012年）

ギュンター・ヤコブス（飯島暢＝川口浩一訳）『国家刑罰』（関西大学出版部、2013年）

飯島暢『自由の普遍的保障と哲学的刑法理論』（成文堂、2016年）

第 11 章

法源について

　本章では、「法源論」と呼ばれ、本書のような法学概論において重要な部分を占めてきた議論について説明する。

１．法源とは何か

（１）意　味

　法源、法の源とは、法の存在形式という意味である。裁判官が裁判する場合には、何らかのすでに存在する一般的な規準（ルール）に則って行われる。この一般的な規準のことを法源という。例えば、民法709条を一般的規準として裁判官は、そこから事件を解決しうるような裁判の規準を取り出し（読み取り）、その裁判の規準を具体的事件に適用して事件を解決する。この場合、民法709条という法律は、事件を解決しうる裁判の規準の源泉である。この裁判の規準を法と呼べば、法律は法源である（例えば、第3章2.（3）で述べたような、要件・効果の形で整理されたものが、ここでいう裁判の規準に当たる）。裁判官は、法律（例えば、民法709条）のような法源に拘束され、それに則って裁判するよう義務づけられている。

（２）種　類

　大きく分けると、成文法と不文法とに区分される。
・成文法……文章で書き表された法。成文憲法、法律、命令、各種の自治法

規など。

・不文法……文章で書き表されていない法。社会的に生成した慣行をその基礎とする。一般的には、慣習法、判例法、条理、学説などが挙げられている。（なお、判例（判決）は文章で書かれてはいるが、その文章自体が法源となるのではなく、法源となるのは、そこから引き出された一般的規準であるから、判例法は不文法である（田中・後掲参考文献73頁参照）。）

（3）学説は法源か

　学説は、裁判官に法的判断の資料を提供するだけで、裁判官が裁判の規準をそこから取り出すように法的に拘束されているわけではないから、現在では法源には含まれないと考えられる（佐藤＝鈴木＝田中＝前田・後掲参考文献166-167頁参照）。

２．制定法

　国や地方公共団体が所定の手続により所定の形式で制定した法を制定法という（田中・後掲参考文献73頁参照）。成文法主義〔主たる法源は成文法である〕（⇔判例法主義）をとるわが国における中心的な法源である（＊1）。

（1）種　類

① 　憲法……成文憲法、つまり憲法典（＊2）。わが国でいえば、日本国憲法（1946年11月3日公布、1947年5月3日施行）。憲法は最高法規であるといわれる。それは、憲法によって国家の組織の仕方およびその諸機関が定められて法的に正統化される（合法化される）ということである。例えば国会は、憲法によって組織の仕方が定められ、法律を制定する権限を授与される。それによって、国会は合法的に法律を制定することができるのである。

② 　法律……国会の議決によって成立する法（憲法41条）。

③　命令……行政機関が制定する成文法（内閣が制定する政令、内閣府の長である内閣総理大臣が発する府令、各省大臣が発する省令など）。現在の憲法の下では、命令は、法律の委任に基づいて作られる委任命令と、法律の規定を実施するためにその細則を定める執行命令に限られる（憲法73条6号)(＊3)。政令は府令・省令よりも効力が上である。府令と省令の効力は同格である。

④　規則……国会の両議院が定める議院規則（憲法58条2項）、最高裁判所規則（憲法77条）など。

規則と呼ばれる制定法にはさまざまな種類のものがあるが、本書では議院規則と最高裁判所規則を指すものとする。

以上が国家法に属する制定法である。

⑤　条例……地方公共団体の議会が制定する成文法（憲法94条、地方自治法14条・16条）。条例は、法令に（法律だけでなく、命令にも）違反してはならない（地方自治法14条）。

なお、地方公共団体の長には、地方自治法15条によって規則制定権が認められている。また、各種委員会（教育委員会、選挙管理委員会、人事委員会、等）は規則その他の規程を制定することができる（地方自治法138条の4）。憲法でいう「条例」とは、これらの条例、規則、規程を含む(＊4)。

⑥　条約……文書による国家間の合意。条約の締結権限は内閣にある（憲法73条3号）。

（2）制定法どうしの相互矛盾を調整するための原理

①　国家の法秩序の内部においては各種の法が上下の段階構造を成しており、上位の法は下位の法に優位する。

（a）憲法＞法律＞命令＞条例（A＞Bは、Aの方が上位である、つまり効力が上であることを示す）　　⇒条約は？次の（3）を参照

（b）規則と法律の内容が抵触する場合……法律が優位すると考えられている。

② 　同等の効力をもつ制定法相互間では、「後法は前法に優先する」。つまり、後に制定された法が、以前に制定されたそれと矛盾する内容の法を廃止するのと同じような結果になる。

③ 　一般法と特別法の間では、「特別法は一般法に優先する」。つまり、まず特別法の規定が優先的に適用され、特別法に規定がない場合に一般法の規定が適用される。（一般法、特別法というのは相対的観念であり、問題となっている二つの法律を比べた場合に、より広い事項を対象にしているのが一般法、より狭い事項を対象にしているのが特別法である（田中・後掲参考文献87頁参照）。例えば、商法は民法との関係では特別法だが、手形法との関係では一般法である。民法は、私人と私人との取引関係一般を規律するが、商法は、そのなかでも商取引に限定して特別の定めを行う。したがって、商法は民法との関係で特別法である。手形法は、商取引のなかでも手形取引に限定して特別の定めを行う。したがって、手形法は商法の特別法である。）

（3）条約の効力

① 　文書による国家間の合意を「条約」という。わが国において条約は、改めて同じ内容の法律を制定しなくても、条約として公布されれば（憲法7条1号）国内法としての効力をもつと解されている。

② 　国内法における条約の効力

・条約＞法律　（根拠）憲法98条2項、憲法73条3号（もし法律の方が効力が上であるとすると、条約内容を否定したければ、そのような法律をつくればよいのであるから、憲法73条3号に規定する国会の承認は不要となるはずである）。

・条約と憲法……憲法優位説と条約優位説とに分かれる。条約が憲法に優位すると解すると、内容的に憲法に反する条約が締結された場合には、憲法改正手続よりもずっと簡易な手続によって成立する条約（憲法73条3号・61条）によって憲法が改正されることになり、国民主権の原則や硬性憲法の建前（憲法96条）に反する、等の理由から、通説・判例は憲法優位説をとる（芦部・後掲参考文献396-397頁参照）（＊5）。（通常の法律よりも難しい手

続によらなければ改正できない憲法のことを「硬性憲法」、通常の立法手続と同じ要件で改正できる憲法を「軟性憲法」という。）

　「主権」という言葉はさまざまな意味で用いられるが、「国民主権」における「主権」とは、「国政についての最高の決定権」という意味である（芦部・後掲参考文献39-40頁）。ところで、国政の大本を決めているのは憲法であるから、国民主権の原則からすれば、憲法の改正についても当然に国民が直接に関与すべきだということになるだろう。

３．契約及び自治法規

（１）契　約

　公序良俗（「公の秩序又は善良の風俗」の略。国の基本的な秩序や社会の基本的道徳のこと）や強行規定（私法上の規定のうち、公の秩序に関する規定のこと。公の秩序に関しない規定のことを任意規定と呼ぶ）に反していない契約であれば、裁判所はそれを適用して事件を解決しなければならない（民法90条・91条）。けれども、契約はその都度締結される個別的なものであり、裁判所が則る一般的な規準とはいいがたいから、法源とまではいえないであろう。

（２）自治法規

　私人による取り決めが、特定の範囲の人々を一律に拘束するような場合、このような取り決めのことを自治法規と呼ぶ。定款、約款、労働協約、就業規則など。契約とは異なり、一定の関係にある人々をかなり広範囲にわたって一律に拘束する一般的な規準といえるから、法源とみなしてよいだろう（田中・後掲参考文献187-189頁、佐藤＝鈴木＝田中＝前田・後掲参考文献168-169頁、参照）。

４．慣習法

（１）定　義

　社会において一定の慣習が成立し、それを社会構成員が法としてみなす（つまり、法として守らなければならないと意識する）ようになった場合、それを慣習法と呼ぶ。近代国家の法制度は制定法中心であり、慣習法には制定法の補充的効力しか認めないのが原則である。

（２）慣習法の効力に関する法規定

・法の適用に関する通則法３条「公の秩序又は善良の風俗に反しない慣習は、法令の規定により認められたもの又は法令に規定されていない事項に関するものに限り、法律と同一の効力を有する。」（この法律は、かつて存在した法例という名前の法律を全面改正したものであり、この３条は、法例２条「公ノ秩序又ハ善良ノ風俗ニ反セサル慣習ハ法令ノ規定ニ依リテ認メタルモノ及ヒ法令ニ規定ナキ事項ニ関スルモノニ限リ法律ト同一ノ効力ヲ有ス」を引き継いだものである。）

・民法92条「法令中の公の秩序に関しない規定と異なる慣習がある場合において、法律行為の当事者がその慣習による意思を有しているものと認められるときは、その慣習に従う。」

・商法１条２項「商事に関し、この法律に定めがない事項については商慣習に従い、商慣習がないときは、民法（明治二十九年法律第八十九号）の定めるところによる。」

　かつては、法の適用に関する通則法３条（旧法例２条）は、慣習法——慣習が法的規範意識によって支えられたもの——についての規定であり、民法92条は慣習法とまではいえない慣習——「事実たる慣習」——についての規定であると解されてきた。しかし、この説に対しては、①「慣習法」と、「事実たる慣習」との区別が困難である（慣習というものは、少なくともある程度は、それを守らなければならないという規範意識を——それを法的規範意識

とみるかどうかは別にして——伴っていることがほとんどだろう）、②「事実た
る慣習」は任意規定に優先し、法的規範意識によって支えられた「慣習法」
は任意規定よりも劣るという矛盾が生じる、という批判がある。

　法の適用に関する通則法３条（旧法例２条）と民法92条との違いは、現在
では、「慣習法」か「事実たる慣習」かの違いではなく、次のように考えら
れている。法令に規定がある事柄について、それとは異なる慣習がある場合
には、民法92条の問題となる。強行規定に反する慣習に則って裁判所が裁判
することはないから、問題は任意規定になる。任意規定とは異なる慣習につ
いては、当事者がその慣習に従う意思をもっているか否かを問題にし、その
ような意思をもっていると認められる場合には、裁判所はその慣習に則って
裁判する。これに対して、法令に規定がない事項に関する慣習については、
法の適用に関する通則法３条が適用される。つまり、当事者の意思を問題に
することなく裁判所はそれに則って裁判する。

５．判例法

（１）判例とは何か

　裁判または判決とは本来、一回限りの具体的事件の解決をめざしたものだ
が、同種の事件には同じ解決が与えられるべきであるという正義の要求（そ
の一般的な定式は、「等しきものは等しく（異なったものは異なったように）」）、
あるいは法的安定性の要求により、判決がそれを超えて、その後の裁判に対
する先例としての機能を果たすようになる場合がある。このように先例とし
て機能する裁判例または判決例を判例という。

（２）事実上の法源

　わが国では、判例の先例的拘束力を法的に保障する明文の規定はないが、
最高裁判所が最高の裁判所であり（＊6）、その最高裁判所が自らの判例を変
更する場合には大法廷で行わなければならない（裁判所法10条３号）、など判

例の変更に慎重な手続を要求することを通じて、間接的に判例の先例的拘束力が認められている（＊7）。「事実上の法源」とも呼ばれる。

（3）判決のどの部分が判例としての先例的拘束力をもつか

①判決の構成……「主文」（結論）と「理由」（主文で述べられた結論に至った法的根拠を説明したもの）からなる。

②「理由」で述べられた裁判官の見解のうち、具体的事件の解決に必要かつ十分な範囲内での法律問題の判断（を支える一般的規準）のみが判例といえる。裁判官が事件の解決と離れた一般論を述べるときには、それは学者の説と同じ性質のものであり、判例として尊重されるべきものではない。前者を「レイシオ・デシデンダイ」（判決理由と訳される）、後者を「傍論」という。

　ただし、これは原則である。実際には傍論が判例として機能する場合がある。また、「具体的事件の解決に必要かつ十分な範囲内での法律問題の判断（を支える一般的規準）」よりももう少し一般的な法律論が判例として機能する場合もある（＊8）（田中・後掲参考文献202頁、佐藤＝鈴木＝田中＝前田・後掲参考文献170-172頁、参照）。

6．条　理

（1）意　味

　ものごとの道理のことを「条理」という。制定法が十分に整備されていなかった明治8年（1875年）に発せられた太政官布告第103号裁判事務心得3条には、「民事ノ裁判ニ成文ノ法律ナキモノハ習慣ニ依リ習慣ナキモノハ条理ヲ推考シテ裁判スヘシ」と規定され、条理の法源性を認めていた。

（2）条理は法源か

　条理は、一般的な規準としてすでに存在するものではなく、裁判官が具体

的事件を解決するための規準を形成するに当たってその都度働かせるものである。制定法などの典型的な法源のように、あらかじめ一般的な規準として存在しているものではないので、条理を法源とみるべきではないように思われる（田中・後掲参考文献224頁、佐藤＝鈴木＝田中＝前田・後掲参考文献172-173頁、参照）。

（＊１）【判例法主義】この成文法主義に対して、英米法系の国々では、主たる法源が判
　　　　例である。これを判例法主義という。これらの国々では、原則として、過去に行われ
　　　　た同種の裁判例に則って裁判が行われる。ただし、もちろん制定法も数多く存在し、
　　　　問題になっている事案について規定する制定法があればそれに則って裁判が行われ
　　　　る。けれども、判例法主義の下では、法の基幹的部分が判例法の形で存在し、制定法
　　　　は、判例法の存在を前提にして制定されるのであって（判例法は一般法、制定法は特
　　　　別法のような関係にある）、問題となっている事案について規定する制定法がなけれ
　　　　ば、判例のなかに、解決のための規準が探し求められる（田中・後掲参考文献200
　　　　頁、田中英夫『英米法総論』（上）（東京大学出版会、1980年）15-16頁、参照）。

（＊２）　イギリスは成文憲法、つまり制定法としての憲法をもたない。

（＊３）　憲法73条 6 号は、内閣の職務の一つとして「この憲法及び法律の規定を実施する
　　　　ために、政令を制定すること。」と規定し、憲法の規定を実施するための命令を制定
　　　　することができるように読めるが、これについては争いがある。憲法の文言に忠実
　　　　に、そのような命令の制定が可能であるとする考え方もあるが、憲法の規定を実施す
　　　　るのはあくまでも法律であり、命令でそれをなすことはできないとする考え方が一般
　　　　的である。なお、憲法73条 6 号にいう「政令」とは、内閣が制定する政令だけでな
　　　　く、行政機関が制定する法、すなわち命令一般のことを指すと理解されている。

（＊４）　本文でいわれている地方公共団体とは、都道府県、市町村、および東京都の区
　　　　（特別区。原則として市に関する規定が適用される（地方自治法281条・283条））のこ
　　　　とと考えてほしい。

（＊５）　判例としては砂川事件最高裁判決を挙げることができる（最大判昭和34年12月16
　　　　日）。この判決で最高裁は、日米安全保障条約について、「一見極めて明白に違憲無効
　　　　であると認められない限りは、裁判所の司法審査権の範囲外のもの」であると述べ、
　　　　少なくとも「一見極めて明白に違憲無効」であるかどうかを裁判所は司法審査できる
　　　　ことを認めている。これは、条約が違憲審査できることを認めていることであり、憲
　　　　法優位説をとっているとみることができる。

（＊６）　下級裁判所は、よほどの理由がない限り、最高裁判所の判例と異なる判断を行っ
　　　　て自らの判断が覆される危険を冒すことはないだろうし、最高裁判所としても、最高
　　　　の裁判所として、法的安定性に配慮して、自らの判例を変更することにはきわめて慎
　　　　重であるだろう。

（＊7）　本文で述べたことは、最高裁判所の判例について特に当てはまることである。もっとも、すべての裁判所は正義の要求と法的安定性の要求に配慮しなければならないことを考えると、いかなる裁判であれ、それ以前に行われた同種の事件に対する裁判を考慮することなく裁判することはできないから、すべての裁判例は多かれ少なかれ先例的拘束力をもつといえる。

（＊8）　なお、判例という言葉は、実際にはさまざまな意味で用いられる。最も広い意味では、すべての裁判所のすべての判決・決定・命令を指す。最も狭い意味では、本文で説明したような、判決の「理由」で述べられた裁判官の見解のうち、具体的事件の解決に必要かつ十分な範囲内での法律問題の判断（を支える一般的規準）、とりわけ最高裁判所のそのような判断（を支える一般的規準）のことをいう。

（参考文献）

佐藤幸治＝鈴木茂嗣＝田中成明＝前田達明『法律学入門』〔第3版補訂版〕（有斐閣、2008年）

芦部信喜（高橋和之補訂）『憲法』〔第七版〕（岩波書店、2019年）

田中英夫編著『実定法学入門』〔第3版〕（東京大学出版会、1974年）

第 12 章

判例とは何か

　前の章で、判例とは「具体的事件の解決に必要かつ十分な範囲内での法律問題の判断（を支える一般的規準）」だと述べた。これについて大まかなイメージをもってもらうために、具体例を使って説明しよう。

1．憲法の事例

事 例

　三重県津市の主催の下で、体育館の起工式（地鎮祭）が、4名の神職により、神式に則り挙行され、市は神職への謝礼等の費用を公金から支出した。この地鎮祭は憲法20条3項にいう「宗教的活動」に当たるか。

　この事例は、有名な「津地鎮祭訴訟」を基にしている。津市による神式の地鎮祭の挙行は、政教分離を定めた憲法20条3項（「国及びその機関は、宗教教育その他いかなる宗教的活動もしてはならない。」）にいう「宗教的活動」に当たるだろうか。もし当たるとすると、本件地鎮祭の挙行は憲法に違反する違法なものであり、したがってその違法な行為に対する公金支出も違法なものとなるだろう。

　考えてみよう。建物の建築着工にあたって通常は地鎮祭を行う。普通、地鎮祭といえば神式のものだろう。したがって本件地鎮祭は、宗教的というよ

りは、習俗的な行為であるともいえる。しかしながら、本件地鎮祭は専門の宗教家である神職により、神式に則り、宗教的信仰心に基づいて行われており、宗教的な意味があることも否定できない。

　そこで、本件地鎮祭が憲法20条３項にいう「宗教的活動」にあたる違憲・違法なものなのか、それとも単なる習俗的な行為なのかを区別する基準が必要となるだろう。

　このような基準として最高裁は、「目的効果基準」を提示した（最大判昭和52年７月13日）。最高裁はおおよそ次のように言った。国家と宗教との完全な分離は実際上不可能に近く、かえって社会生活の各方面に不合理な事態を生じる。したがって、国家は宗教とある程度のかかわり合いをもたざるをえないことを前提にしたうえで、どの程度のかかわり合いなら許されないのかが問題となる。それは次のように判断される——国及びその機関の行為の「目的が宗教的意義をもち、その効果が宗教に対する援助、助長、促進又は圧迫、干渉等になるような行為」は、国家と宗教とのかかわり合いが、わが国の社会的・文化的諸条件に照らし「相当とされる限度を超える」こととなり、憲法20条３項にいう「宗教的活動」に当たる、と。この基準を「目的効果基準」という。

　この目的効果基準を用いて最高裁は、本件地鎮祭に関し、その目的が、建築着工に際し土地の平安堅固、工事の無事安全を願い、社会の一般的慣習に従った儀礼を行うという専ら世俗的なものと認められ、その効果も、神道を援助、助長、促進し又は他の宗教に圧迫、干渉を加えるものとは認められないから、憲法20条３項にいう「宗教的活動」に当たらないと判示した。

　この目的効果基準がその後、国やその機関の行為が憲法20条３項にいう「宗教的活動」に当たるかどうか、つまり政教分離原則に違反するかどうかに関する裁判所の判断基準として繰り返し用いられ、定着した。つまり、それは「判例」として機能するようになった。言い換えると、同種の事件において、この基準が裁判における一般的規準として用いられるようになった(＊1)。

２．民事法の事例

　第９章２．（３）における利息制限法の説明で用いた例を再び取り上げたい。ＡがＢとの間で、1000万円を年20％の利率で借りる契約を結んだとする。この場合、１年の利息は200万円となる。ところが、すでに説明したように、利息制限法１条柱書および３号によれば、「金銭を目的とする消費貸借における利息の契約」において、「元本の額が百万円以上の場合」、利息が、利率「年一割五分」で計算した金額を超えるときには、その超過部分について無効となる。今の例の場合、1000万×0.15＝150万であるから、150万円までの利息は有効であるが、それを超えた部分、つまり50万円については無効となる。したがってＡは、年150万円の利息を支払えばよい。

　ところで、かつての利息制限法（平成18年法律第115号による改正以前のもの）には、現在の１条とほぼ同じ内容の１条１項の後に、１条２項として、「債務者は、前項の超過部分を任意に支払つたときは、同項の規定にかかわらず、その返還を請求することができない。」という規定があった。この規定によると、例えばＡが契約のとおりＢに200万円の利息を任意に支払った場合には、50万円は制限超過の利息であるから返してほしいと主張することはできないことになる。この任意に支払った制限超過の利息（および損害金）につき、最高裁は、元本に充当されると判示し（最大判昭和39年11月18日）、それが判例となった。さらに最高裁は、この判例の論理を推し進め、債務者が制限超過の利息（および損害金）の支払を任意に継続し、その制限超過部分を元本に充当すると計算上は元本が完済されたときは、その後に支払った金額の返還を請求することができると判示した（最大判昭和43年11月13日）。これらの判例に沿ったかたちで、平成18年の利息制限法の改正が行われた（１条２項の削除）。

　参考までに、平成18年改正前の利息制限法１条の条文を挙げておく。

利息制限法（昭和二十九年五月十五日法律第百号）

（利息の最高限）

第一条　金銭を目的とする消費貸借上の利息の契約は、その利息が左の利率により計算した金額をこえるときは、その超過部分につき無効とする。

　　　元本が十万円未満の場合　　　　　　　　年二割

　　　元本が十万円以上百万円未満の場合　　　年一割八分

　　　元本が百万円以上の場合　　　　　　　　年一割五分

2　債務者は、前項の超過部分を任意に支払つたときは、同項の規定にかかわらず、その返還を請求することができない。

（＊1）　津地鎮祭訴訟最高裁判決以降、この目的効果基準を用いて合憲判決が出された主
　　　な最高裁判決は以下の通りである。
　　①　自衛隊山口地方連絡部職員が、社団法人隊友会の山口県支部連合会による殉職自
　　　　衛官の県護国神社への合祀申請に協力した行為について合憲と判断された（最大判
　　　　昭和63年6月1日）。（隊友会とは、自衛隊退職者の親睦等を目的とする団体であ
　　　　る。）
　　②　小学校の増改築に伴い、その小学校に隣接する公有地にあった忠魂碑を大阪府箕
　　　　面市が市の費用で移設・再建し、その敷地を箕面市戦没者遺族会に無償貸与した行
　　　　為について合憲と判断された（最判平成5年2月16日）。
　　③　鹿児島県知事が大嘗祭に参列し拝礼した行為について合憲と判断された（最判平
　　　　成14年7月11日）。
　　　また、違憲とされた事例に愛媛玉串料訴訟最高裁判決（最大判平成9年4月2日）
　　がある。この判決では、愛媛県が靖国神社および県護国神社に対し、靖国神社につい
　　てはその例大祭やみたま祭に際し玉串料・献灯料として、また県護国神社については
　　その慰霊大祭に際し、県遺族会を通じて供物料として、県の公金を支出した行為につ
　　いて、目的効果基準に拠りつつ違憲と判断された。

第 13 章

訴訟制度

本章では、民事と刑事における訴訟制度について概観し、その基本原則を確認する。まず、次の事例を見てほしい。なお、以下の記述の「行訴」は行政事件訴訟法、「裁」は裁判所法、「民訴」は民事訴訟法、「刑訴」は刑事訴訟法、「憲」は日本国憲法、「民訴規」は民事訴訟規則、「刑訴規」は刑事訴訟規則を指す。

事 例 1

B が何者かに殴られて重傷を負って倒れているのが発見された。B が発見される直前、B と金の貸借りをめぐって口論をしていた A が逮捕され、訴訟にかけられた。

事 例 2

X は Y が200万円を支払ってくれないと言って困っていた。X によれば、この200万円は、事業のため必要だと Y に懇願されて貸したが、約束の期限が来ても Y が金を返そうとしないということであった。遂に、X は Y を相手取って貸金200万円の支払いを求める訴訟を提起した。

1．訴訟の意義と種類

（1）訴訟とは？

　訴訟は人が社会生活を送るなかで起きた事件を、法律を適用して解決しようとする裁判手続である。訴訟では、法律の規定を解釈してその内容が明らかにされるとともに、事件がどのような事実からなっているかが調査され、認定された事実に法律が適用されて、法的な判断が裁判所によって下されることになる。初めに掲げた両事例で起こされている二つの訴訟もその点は同じであるが、取り扱う事件や手続の進め方に大きな違いがあり、同じ種類のものとはいえない。

（2）刑事訴訟

　【事例1】の訴訟は、Aが犯罪を犯したとして起こされるもので、刑罰を科さなければならない犯罪行為をAが本当に行ったのかを明らかにし、行ったとした場合どのような刑罰を科すべきかを決定するためになされるものである。ある者が犯罪を犯したために刑罰を科されねばならない地位にあることを刑事責任といい、ある者に刑事責任を問うべきかを審理・判断するためになされる訴訟を刑事訴訟という。【事例1】の訴訟は、Bへの傷害について、Aに刑事責任があるかを明らかにするためになされる刑事訴訟といえる。刑事訴訟では、特定人に刑罰を科すに値する犯罪事実があったか否かが審理され、その結果に基づいて有罪か無罪かが判断され、有罪であればどのような刑罰を科すべきかが決定される。つまり、その者に対する国家の刑罰権（犯罪を犯した者に刑罰を科し処罰する権限）の有無が確定されることになる。

　このとき、被害者のBやその家族、友人等はAに制裁を加えたいと考えるかもしれない。しかし、近代国家では、犯罪の被害者をはじめとした市民が自主的に犯罪を摘発し、制裁を加えることは許されない。【事例1】でも、Bやその家族がAに私的に制裁を加えることは禁じられる。そのよう

なことを許せば、犯罪を犯してもいない者に制裁を加えたり、行き過ぎた制裁が行われたりするおそれがあるし、AがB等よりも強かったときは、返り討ちにあうなどして、正義が貫徹されないことも考えられるからである。そこで、犯罪を摘発して刑罰を科すのは専ら国家の役割とされる。そして、国家が適正に刑罰権を行使できるように、国家が刑罰を科すためには、訴訟で犯罪が行われたことを確定し、科すべき刑罰を決定することが必要とされる。そのために行われる訴訟が刑事訴訟である。刑罰を科すのに刑事訴訟が必要なことは、AがBに傷害を負わせたことを自ら認めている場合でも同様である。

（3）民事訴訟

　【事例2】の訴訟は、XがYに対する貸金債権の存在を明らかにして、その履行を求めて行われる訴訟であり、民事訴訟である。そこではXとYの間で200万円という金銭の支払いの可否が争われることになる。このように民事訴訟で取り扱われるのは、【事例1】の場合と異なり、XやYといった市民の間での財産ないしは利益をめぐる私的な争いである。そこで主張されるのは、私法上の権利（私権）であり、民事訴訟が対象とする争いは私法上の権利をめぐるものと捉えることができる。社会生活を営むなかで市民間に生じる私法上の権利や法律関係の存否や態様をめぐる争いを民事紛争といい、また民事事件ともいう。したがって、民事訴訟は、民事事件つまり民事紛争を解決するための訴訟と言い換えることができる。民事訴訟では、対象とされた私法上の権利の存否について審理され、判断される。【事例2】では、Xは、貸金返還請求権（貸金債権）の存在を主張しており、貸金返還請求権の存否について判断されることになる。

　この場合、XはYと話し合ってこの争いを決着させることもできる。また、自分に代わって第三者にYと話し合ってもらったり、第三者に間に入って仲裁してもらったりして解決を図ることも、XとYが納得すれば、第三者の判断でこの争いを解決することもできる。このように、私法上の権

利をめぐる紛争は、訴訟によることなく、当事者で自主的に解決することができるのである。訴訟以外で紛争を解決する手段のことを裁判外紛争解決手続または ADR(＊1)という。このようなことが許されるのは、私法上の権利の対象となる財産や利益は当事者の自由な判断で使用したり処分したりすることができるとされているからである（私的自治の原則）。現に民法は紛争を解決する合意を和解と名付け、契約の一つとして認めている（民法695条参照）。犯罪者の処罰が刑事訴訟によらなければならず、市民が自主的に行うことを認めていないことと対照的である。【事例２】で民事訴訟が起こされたのは、X が Y との紛争の解決手段として民事訴訟を選択した結果であるといえる。

（４）行政訴訟

　このほか、行政官庁が行った行政行為や行政処分の効力等をめぐって争いになり、それを対象として訴訟が行われることがある。そのような訴訟を行政訴訟という。行政訴訟には行政事件訴訟法に特別の定めがある場合を除いて民事訴訟法が適用されるとされているので（行訴７条）、手続としては民事訴訟の一種といえる。

２．訴訟の主体

（１）裁判所

　訴訟は他人間の紛争を解決する手続であるから、少なくとも二人の争っている者と、それらの者の間に介入して紛争に対して法的な判断を下す者がいなければ成り立たない。前者の相争っている者を当事者といい、後者の判断を下す者を裁判所という。ここにいう裁判所とは、裁判官とそれ以外の職員により組織されている、司法権を担当する国家機関を指すのではなく、個別の具体的な事件を担当している一人または複数の裁判官の集まりを指している。訴訟では裁判所はそのような意味で用いられる。このことは、刑事訴訟

でも、民事訴訟でも同じである。この意味での裁判所を「裁判体としての裁判所」または「訴訟法上の意義における裁判所」という（これに対して、国家機関としての裁判所を「官署としての裁判所」または「国法上の意義における裁判所」という）。

　裁判所が裁判をする場合、その裁判所が一人の裁判官で構成されているときと、複数の裁判官で構成されているときがある。前者を単独制、後者を合議制という。単独制の場合の裁判はその裁判官の判断によるが、合議制の場合は合議、すなわち合議体を構成する裁判官で話し合いを行い、評決すなわち多数決をして裁判所の判断を決定する。より複雑で重要な事件を処理するときは合議制が採用される。裁判所は大きく最高裁判所と下級裁判所に分かれ（憲76条1項）、下級裁判所には高等裁判所、地方裁判所、家庭裁判所及び簡易裁判所がある（裁2条1項）。このうち、簡易裁判所は常に単独制によるが（裁35条）、地方裁判所と家庭裁判所では事件により単独制と合議制が使い分けられている（裁26条・31条の4）。最高裁判所（裁9条）及び高等裁判所（裁18条）は常に合議制で裁判する。下級裁判所の合議体の裁判官の員数は原則として3人である（裁18条2項本文・26条3項・31条の4第3項）。最高裁判所の合議体は大法廷が15名全員、小法廷が5人の裁判官で構成される（裁9条2項、最高裁判所裁判事務処理規則2条1項）。

（2）当事者

　当事者については、どのような者が当事者となるかが、刑事訴訟と民事訴訟で異なる。当事者の呼び方も異なったものになる。

　刑事訴訟では、刑事訴訟を起こされ、訴訟による審理・判断の対象となる者は、犯罪を犯したとして刑事責任を問われている者である。これを被告人（被告とは言わないことに注意）という。【事例1】では被告人はAである。これに対して、Aが犯罪を行ったとして刑事訴訟を起こすのは、被害者のBではなく、犯罪の捜査と訴追を任務とする国家機関である検察官である。犯罪は社会や国家の平穏を乱すものとして、社会全体の問題とされている。そ

のため、犯罪を捜査し、犯罪を犯した者の刑事責任を追及するために刑事訴訟を提起するのは国家の役割とされる。フランス革命以前の刑事訴訟では、犯罪者を訴追する国家機関と犯罪を裁く国家機関が同一で、裁判官が犯罪者を訴追すると同時に犯罪を裁いていた（糾問主義）。そこでは国家対犯人という二者間の関係しか成立しない。結果として、犯罪を認めない者に拷問を行って犯罪を認めさせるようなことにもなっていた。これがフランス革命で見直され、犯罪者を訴追する国家機関と犯罪を裁く国家機関とが分離された。その結果、検察官が刑事訴訟を提起し、犯罪を訴追するようになった。このような刑事訴訟のあり方を弾劾主義といい、現在のわが国の刑事訴訟もこれによっている。したがって、刑事訴訟の当事者は、検察官と被告人であり、刑事訴訟は裁判所と検察官と被告人との三者の関係で成り立っている。

　これに対して、民事訴訟で判断の対象となる私法上の権利は、刑事訴訟における犯罪と違って、個々の市民の問題であり、そのような権利をめぐる争いである民事紛争は市民同士の争いである。そのため、民事訴訟では、その私法上の権利をめぐって争っている者が当事者となるのが当然である。民事訴訟を提起するのも、その権利の存否を争っている者の一方である。このとき、権利の存在または不存在を主張して民事訴訟を提起した者を原告といい、原告により相手方とされた者を被告と呼ぶ。【事例 2】では、X が原告、Y が被告である。民事訴訟は、裁判所と原告と被告との三者の関係で成り立っていることになる。

3．訴訟の対象

　訴訟は法律を適用した判断で解決をはかる手続であるため、そのような訴訟が取扱う事件も、自ずから法律を適用して解決するにふさわしいものに限られてくることになる。裁判所法ではこれを「法律上の争訟」（裁 3 条 1 項）と呼んでいる。法律上の争訟は「当事者間の具体的な権利義務または法律関係の存否（刑罰権の存否を含む）に関する紛争であって、法律の適用により

終局的に解決しうべきもの」(＊2)を指しているとされる。つまり、個々の当事者間の個別具体的な権利や義務をめぐる争いであって、しかもそれに法律を適用した判断をすることによって解決させることができるものをいう。したがって、訴訟を正確に定義すると、当事者間の具体的な権利義務または法律関係の存否（刑罰権の存否を含む）に関する紛争を、法律の適用により終局的に解決するための裁判上の手続ということになる。ここで「具体的」とは、争われている権利義務や法律関係が、当事者の地位や利益と直接関わっていることを意味する。当事者の間にある法律の解釈をめぐって激しい対立があっても、それが法律をめぐる抽象的な争いに過ぎなければ、訴訟の対象とはならない。このことはわが国の訴訟制度の特徴の一つである。

　このような観点からは、民事訴訟と刑事訴訟の区分は、訴訟の対象となる権利義務または法律関係が民事上のものであるか、刑事上のものであるかの違いによるものと見ることができる。民事訴訟の審理・判決の対象は私法上の権利または法律関係であるが、それは、民事訴訟の開始にあたって、原告の被告に対する私法上の権利または法律関係の存在または不存在の主張の形で提示される。民事訴訟の審理・判決の対象となる、この原告の被告に対する権利の主張を民事訴訟では請求という。これに対して、刑事訴訟では国家の市民に対する刑罰権が対象となる。それは、被告人について、刑罰を科すべきであると評価される犯罪事実があったとの主張の形をとって検察官から提示され、法律上刑罰を科すべき犯罪行為があったかが審理され判断される。刑事訴訟の審理・判決の対象となる、この法律的に構成された犯罪事実を、刑事訴訟法では訴因と呼んでいる。訴因は誰が誰に対して何時どのような方法でいかなる行為をしたかを特定して提示される（刑訴256条3項後段）。【事例1】でいえば，訴因は「Aは○月○日○時ごろ、○○市○○区○○において、Bに対して、○○を用いて暴行を加え、よって、同人に加療○○か月間を要する傷害を負わせた」といったものとなる。

４．訴訟の開始

（１）「訴えなければ判決なし」

　訴訟手続は、民事訴訟も刑事訴訟も、当事者からの要求があって初めて開始される。

　民事訴訟は民事紛争を法的に解決するための裁判手続であるが、民事紛争があるからといって、裁判所が乗り出していき、主動的に民事訴訟を行うことはない。民事紛争は当事者間の私的な紛争であるから、裁判所は当事者が民事訴訟による解決を求めた場合に初めて乗り出せばよい。刑事訴訟でも、犯罪を捜査し、犯人を訴追する役割を持つ検察官と、犯罪を裁く裁判官とが分離した近代の刑事訴訟においては、裁判所は検察官が犯罪があったと判断しこれを訴追した場合、すなわち刑事訴訟を求めた場合に初めて刑事訴訟を開始すればよい。犯罪がなされたとして、裁判所が勝手に刑事訴訟を開始するわけではない。刑事訴訟法ではこれを不告不理の原則と呼んでいる。

　当事者からの要求があって初めて手続が開始されるとの原則は、訴訟以外の裁判上の手続（強制執行手続など）に広く当てはまるものであり、その意味で裁判手続に共通する大原則である。ローマ法ではこれを「訴えなければ判決なし」という法諺で言い表わしている。このような法諺が存在することは、この原則が古代ローマ時代から存在していたことを示している。

　特定の権限を持つ者にその権限の行使を求める行為を申立て、申出、申請というが、訴訟を主宰して審理を行い判断を示すのは裁判所に認められている権限であり、訴訟の開始を求める、訴訟の一方の当事者によるこの行為は、この裁判所の権限の発動を求めるものにほかならないから、申立てに当たる。民事訴訟で、当事者の一方である原告が裁判所に訴訟を開始して審理と判断を求める申立てを訴えといい、訴えを起こすことを訴えの提起という。刑事訴訟では、検察官が裁判所に特定の犯罪について訴訟手続の開始を求める申立てを公訴といい、公訴を起こすことを公訴の提起という。訴えの提起と公訴の提起は共に略して起訴といわれることもある。

（2）訴訟の提起

　訴えの提起と公訴の提起は書面を裁判所に提出することによってなされる。書面によるのは、訴訟手続の開始という重大な効果があるため、明確かつ確実であることを期したためである。その書面を民事訴訟では訴状といい（民訴133条1項（新134条1項）(＊3))、刑事訴訟では起訴状という（刑訴256条1項）。その書面には、民事訴訟では、誰が誰に対してどのような権利等を主張するかが、刑事訴訟では誰を被告人としてどのような犯罪行為があったかが記載される。それにより、民事訴訟では請求（民訴133条2項（新134条2項))、刑事訴訟では訴因（刑訴256条3項）が提示され、その訴訟の審理・判決の対象が明らかにされる。

（3）第一審裁判所

　訴状及び起訴状はどの裁判所に提出すればよいのであろうか。裁判所のうち、第一審は原則として地方裁判所（裁24条1号・2号）または簡易裁判所（裁33条1項1号・2号、裁33条2項）が担当する（なお、裁16条4号参照）。ある事件を地方裁判所と簡易裁判所のいずれが担当するかは、事件の軽重によって決まる（事物管轄）。刑事訴訟では、簡易裁判所は法定刑が罰金以下の罪や選択刑として罰金が定められている罪などの軽罪に係る事件（裁33条1項2号）を、地方裁判所は罰金以下の刑に当たる罪以外の罪などに係る事件（裁24条2号）を担当する。【事例1】は傷害罪の事件であるが、傷害罪（刑法204条）には選択刑として罰金が定められているから、簡易裁判所と地方裁判所のどちらも事物管轄を有する。ただし、簡易裁判所は禁錮（拘禁刑(＊4)）以上の刑を科すことができない（裁33条2項・3項）。民事訴訟では、原告が主張した権利を金銭に置き換えたときに、それが140万円以下であれば簡易裁判所、140万円を超えれば地方裁判所が事件を担当することとされている（民訴8条1項、裁24条1号・33条1項1号）。【事例2】の事件は200万円の貸金返還請求権をめぐる事件であるから、地方裁判所が事物管轄を持つことになる。

　なお、簡易裁判所では刑事訴訟も民事訴訟も単独制で裁判される。地方裁判所では、民事訴訟では原則として単独制で裁判されるが（裁26条1項）、事件が複雑なときは例外的に合議制で裁判されることがある（裁26条2項1号）。刑事訴訟では死刑又は無期若しくは短期1年以上の懲役若しくは禁錮（拘禁刑）に当たる罪の事件は合議制が取られ（裁26条2項2号）、合議制が原則とされている。

　また、多数ある地方裁判所、簡易裁判所のうち、どの土地を担当する裁判所が事件を処理するかは、当事者やその事件との関連により決定される（土地管轄。刑訴2条、民訴4条以下、参照）。

5．訴訟の審理と判決

（1）公判・口頭弁論

　訴訟の審理は一般人の傍聴を許した公開の法廷で、判決を下す裁判官の面前で、両当事者が口頭で事実や証拠などを主張し合うことによって行われる。このような方式による審理手続を刑事訴訟では公判（刑訴273条）、民事訴訟では口頭弁論（民訴87条・148条1項）といい、憲法では両者を合わせて対審と呼んでいる（憲82条1項）。このような審理方式が採用されているのは、直接主義（判断を下す裁判官自身が審理に立ち会うという原則、刑訴315条、民訴249条）、口頭主義（審理は口頭で行うべきものとする原則、刑訴43条、民訴87条1項。なお、刑訴43条の「口頭弁論」は審理が当事者の口頭での主張に基づいてなされるべきことを指しており、審理手続のことを意味するものではないことに注意）、公開主義（審理は一般市民の傍聴を許したうえで行われるべきものとする原則、憲37条1項・82条）という三つの原則を同時に実現することができるからである。この三つの原則はフランス革命により、その前の時代の裁判の進め方に対する批判のなかから確立されたもので、近代訴訟の審理方式についての基本原則となっている。

（2）第一審の審理

　訴訟で裁判所が行う判断は、法律を大前提、事実を小前提として結論を導く三段論法による判断であり、言い換えれば、法律を事実に適用して、刑事訴訟であれば刑罰権の、民事訴訟であれば私法上の権利の存否を判断することにほかならない。これを判決三段論法というが、このような形式で判断できるのは、法律が、一定の要件が充たされたとき一定の法律効果が生じるという枠組みで定められているからである。この要件は刑事法では構成要件、民事法では法律要件と呼ばれるが、いずれも一つまたは複数の事実で構成されている。例えば、【事例1】で適用される刑法204条は、人の身体を傷害するという事実で構成要件が、【事例2】で問題になる民法587条は、借主が貸主に同種、同等、同量の物の返還を約束するという事実と、借主が貸主から約束した物を受け取るという事実とで法律要件が、それぞれ作られている。そこで、法律を適用して判断するためには、その事件でどのような事実があったかを調査・確定することが必要となる。その結果、訴訟では、適用すべき法律の解釈や適用の仕方を明らかにすることと、事実の調査を行うことの、二つのことが審理されることになる。前者を法律問題、後者を事実問題という。

　そこで、訴訟において裁判所が判決を下すためには、その事件が一体どのようなものかを、事実を調査して明らかにしなければならない。刑事訴訟で、被告人が犯罪を行ったかは犯罪事実の有無を明らかにしなければ判断できない。民事訴訟でも、審判の対象となっている権利の存否は事実により判断される。訴訟の結論は、法律の解釈や適用の仕方の議論よりも、事実問題の審理においてどのような事実が認定されるかによって左右される。そのため、訴訟にとっては、判断に必要な事実の存否を調査して認定する事実の審理が最も重要となる。その意味で、訴訟の審理は事実の審理であると言っても誤りではない。

　訴訟での事実の審理は、証拠調べを実施して、その結果に基づいて事実を認定することによって行われる。事実は証拠によるほか、他の事実から認定

してもよいが、その事実も証明されなければならないのであるから、結局、事実の認定は証拠に基づいてなされなければならないことになる（証拠裁判主義、刑訴317条、民訴247条）。証拠から事実を認定しようとする場合、その証拠からその事実が認定できるか、言い換えれば、その証拠が信用できるかの評価は、裁判官の自由な判断に任されている（自由心証主義、刑訴318条、民訴247条）。

　これらの事実の審理に関する原則や概念は刑事訴訟と民事訴訟で共通しているが、事実審理のあり方についてはいくつかの相違がある。刑事訴訟は犯罪の国家による訴追を目的としているため、犯罪が真に行われたのかを明らかにすることが第一の目標とされる。つまり、客観的な真実を発見することが目指される。そのため、犯罪事実の存在を証明するのは検察官の役割であるが、その際、被告人が犯罪事実を自白しても、自白だけで有罪とされることはなく（憲38条3項、刑訴319条2項）、また、一定の証拠については犯罪の証拠とすることが制限されるなど、さまざまな規制が置かれている（刑訴320条以下）（第3章3．を参照）。これに対して、民事訴訟では、当事者間に争いがない事実は証明されなくともその存在が認定され、裁判所の判断資料とされる（民訴179条）。言い換えれば、証明が必要となるのは、当事者間に争いがある場合に限られることになる。また、事実を証明する負担は両当事者に公平に割り振られ、当事者の一方のみがこの負担を負うことはない。この事実審理のあり方の違いは、刑事訴訟が国家が強制力をもって収集した事実や証拠で被告人を訴追する訴訟であるのに対して、民事訴訟が対等な当事者間の争いを解決する訴訟であるという、手続の基本的な構造の違いに起因している。

（3）第一審判決

　審理が進んで、判決をするのに十分であると判断されるときは、裁判所は、審理を終結して、裁判をする。裁判は民事訴訟では判決により（民訴243条1項）、刑事訴訟でも有罪・無罪は判決でなされる（刑訴333条・336

条）。判決は公開の法廷で口頭により告知される（憲82条1項、刑訴342条）。民事訴訟ではこれを判決の言渡しといい、刑事訴訟では判決の宣告という。判決をするときは判決書を作成するが、判決は判断の結論を掲げる主文のほか、理由が付される（刑訴44条、民訴253条1項3号）。民事訴訟の判決の言渡しは主文を口頭で告げれば足りるが（民訴規155条）、刑事訴訟の判決の宣告は主文のほか理由を朗読しまたはその要旨を告げなければならないとされている（刑訴規35条）。

6. 上 訴

（1）上訴の仕組み

　裁判も人が行うことであるから、誤りが起こる可能性を排除できない。誤った裁判を防止するには、その裁判を異なった裁判所が見直すようにするのが効果的である。このとき、見直しを担当する裁判所は元の裁判をなした裁判所より優越することになる。そこで、裁判所には上下関係が設定される。わが国の裁判所の間には、最高裁判所を頂点とし、高等裁判所　→　地方裁判所・家庭裁判所　→　簡易裁判所という上下関係が設定されている。そのうえ、裁判の見直しを行うにあたって、上位の裁判所ほど数を絞り、最終的に一つの裁判所に集約されるようにすれば、裁判所の判断は自ずから統一される。わが国の裁判所を見ても、最高裁判所は当然1ヵ庁であるが、下級裁判所は、高等裁判所は8ヵ庁（支部が6）、地方裁判所と家庭裁判所は50ヵ庁（いずれも支部が203、家庭裁判所には出張所が77ある）、簡易裁判所は438ヵ庁置かれており、ピラミッド型の組織構造になっている。

　このようにして、裁判に対しては、より上級の裁判所へ不服申立てが許される。これが上訴である。わが国の訴訟では三審制が採用されているから、判決に対しては2回まで上級裁判所へ不服申立てができることになる。最初の不服申立てが控訴、二度目の不服申立てが上告である（なお、裁判所の裁判には判決のほかに決定と命令があり、決定・命令に対する上訴を抗告という）。

判決に対する上訴は控訴、上告の順に段階を踏んで行われるのが通常であるが、控訴せずに直ちに上告することもできる（刑訴406条、刑訴規254条・255条、民訴281条 1 項ただし書・311条 2 項。なお、刑訴ではこれを跳躍上告といい、民訴では飛越上告または飛躍上告といって両者を区別することがある）。

　三審制の三つの審級のうち、控訴を受けて行われる第二審を控訴審、上告を受けて行われる第三審を上告審といい、これらを総称して上訴審という。控訴審及び上告審をどの裁判所が担当するかは、訴訟の種類により異なっている。刑事訴訟では第一審が簡易裁判所であれ地方裁判所であれ、控訴審は高等裁判所（裁16条 1 号）、上告審は最高裁判所が担当する（裁 7 条 1 号）。これに対して、民事訴訟では、第一審が簡易裁判所であれば、控訴審は地方裁判所（裁24条 3 号）、上告審は高等裁判所が担当し（裁16条 3 号）、第一審が地方裁判所であれば、控訴審は高等裁判所（裁16条 1 号）、上告審は最高裁判所が担当する（裁 7 条 1 号）。刑事訴訟でも民事訴訟でも控訴審及び上告審の裁判所は合議制が取られる。地方裁判所の民事訴訟でも、控訴事件は合議制により裁判される（裁26条 2 項 3 号）。

　同じように審級といっても、そこで行われることは同じではない。判決をなすには、法律の解釈のほか事実の調査が必要であるが、上訴審で第一審と同じような事実審理が行われるとは限らない。ある審級が法律問題と事実問題の両方を取り扱う場合、その審級を事実審といい、事実問題は取り扱わず、法律問題のみを取り扱う場合、その審級を法律審という。第一審及び控訴審は事実審、上告審は法律審である。民事訴訟では、控訴審は事実審であり、第一審と同様に事実審理が行われるが（民訴296条 1 項・301条）、上告審は法律審であり、事実審理を行わず、控訴審までで確定された事実に基づいて判断がなされる（民訴321条）。刑事訴訟では、控訴審は事実調査を行うことができる事実審であり（刑訴393条）、上告審は甚しい量刑不当や重大な事実誤認を理由に裁判できるものの（刑訴411条 2 号・3 号）、その判断に用いることができる事実・証拠は控訴審までに取り調べられたものに限られること（刑訴413条ただし書）などから見て、法律審であるといえる。

（2）上訴の手続

　上訴は判決に対する不服申立てであるから、上訴することが許されるのは、元の審級（原審という）の裁判所（原裁判所という）が下した判決（原判決という）が自分の求めた通りの結論の判決ではなかった当事者、つまり敗訴した当事者であり、原審で全面勝訴した当事者が控訴、上告することは許されない。民事訴訟において上訴が提起されると、控訴を提起した当事者を控訴人、その相手方当事者を被控訴人といい、上告を提起した当事者を上告人、その相手方当事者を被上告人と呼ぶ。原告が自動的に控訴人、上告人となったり、被告が自動的に被控訴人、被上告人になったりするわけではない。このように、上訴審では当事者の呼び名が変わることに注意する必要がある。これに対して刑事訴訟では、上訴審においても、第一審と同様に検察官、被告人といい、当事者の呼び方は変わらない。

　上訴審では原判決に対する不服申立てに理由があるか否かが審理される。そして、判決は、原判決の当否が判断され、その判断は上訴すなわち原判決に対する不服申立てへの応答の形式でなされる。実質的には請求や訴因の当否等について審理されるが、これらについて直接応答する形式は取られない。不服申立てに理由があるときは、上訴を認容して原判決を破棄し（ただし、民事訴訟の控訴審では原判決の破棄ではなく取消しという）、不服申立てに理由がないときは、上訴を棄却する判決をすることになる。

（3）判決の確定

　原審で敗訴した当事者が上訴（控訴又は上告）を提起しなかったり、控訴及び上告がなされた結果、三審制による不服申立ての方法が尽きて、上訴する手段がなくなったりしたときは、判決は取消しや変更がなされる可能性がなくなる。判決がこのような状態になったことを、判決が確定したといい、確定した判決を確定判決と呼ぶ。確定判決は取消しや変更が許されないが、その判決に特に重大な問題があるときは、再審により確定判決が取り消され、再審理が許されることがある（刑訴435条以下、民訴338条以下）（＊5）。

（＊１）　ADR は英語で裁判外紛争解決手続を指す Alternative Dispute Resolution の頭文字をとった略語である。この ADR という用語はわが国でも広く用いられる。

（＊２）　最高裁判所事務総局総務局編『裁判所法逐条解説　上巻』（1968年、法曹会）22頁以下。この定義が敢えてかっこを付けて、その中で刑罰権に触れなければならなかったことは、民事訴訟と刑事訴訟を統一的に定義することが難しいことを示している。

（＊３）　カッコの中の「新」を付けた条文は、民事訴訟法の令和４年改正法（令和４年５月18日成立、同月25日公布）での条文である。この改正は、オンライン申立て、審理へのウェブ会議方式の導入、訴訟記録の電子化、電子判決書の導入などの民事訴訟手続の IT 化を柱とするが、被害者情報秘匿制度など新たな制度の導入も行われ、その結果、多くの条文が新設され、また変更を受けた。そのなかには、条文内容に変わりはないが、条数のみが変更された条文も見られる。133条はその一つで、改正法では条数だけが134条に変えられている。なお、この改正法は公布から段階的に施行され、公布日から４年後までにすべての施行が完了するものとされている。

（＊４）　令和４年６月の刑法改正で懲役と禁錮が統合されて「拘禁刑」が創設されることになった（この改正については第10章の末尾のコラムを参照）。この改正に伴い、裁判所法の規定中の懲役及び禁錮は拘禁刑に改められる。本文中で触れたものでは、裁26条２項２号の「懲役若しくは禁錮」、裁33条２項本文の「禁錮」及び同項ただし書の「懲役」がそれぞれ「拘禁刑」に置き換えられる。これによる修正箇所はカッコを付して示した。

（＊５）　民事訴訟では再審のほかに、高等裁判所が上告審としてなした判決に対して、憲法の解釈・適用の誤りがあることを理由に最高裁判所へ更に不服を申立てることが許されている（民訴327条）。これを特別上告というが、判決は、上告審である高等裁判所の判決により確定しているから、「上告」といっても上訴ではなく、最高裁判所の憲法判断を得る機会を保障するための特別の不服申立てである。

事項索引

152

156

158

執筆者紹介（五十音順）

＊堅 田 研 一（かただ けんいち）　愛知学院大学法学部教授
　　担当　第1章～第9章　第11章　第12章

　杉 本 一 敏（すぎもと かずとし）　早稲田大学法学学術院教授
　　担当　第3章　第10章

　髙 木 敬 一（たかぎ けいいち）　愛知学院大学法学部教授
　　担当　第3章　第13章

＊は編者

法学入門

2023年3月25日　初　版第1刷発行

編　者　堅 田 研 一
発行者　阿 部 成 一
〒162-0041　東京都新宿区早稲田鶴巻町514番地
発 行 所　株式会社　成 文 堂
電話 03（3203）9201　Fax 03（3203）9206
http://www.seibundoh.co.jp

印刷・製本　藤原印刷

定価（本体1800円＋税）